YOUR
STRATEGY NEEDS
A STRATEGY

战略的本质

复杂商业环境中的最优竞争战略

[美]马丁·里维斯(Martin Reeves)
[挪]纳特·汉拿斯(Knut Haanæs)
[印]詹美贾亚·辛哈(Janmejaya Sinha) ◎著
王喆　韩阳◎译

How to Choose
and
Execute
the
Right Approach

中信出版集团·CHINACITICPRESS·北京

图书在版编目（CIP）数据

战略的本质 /（美）里维斯，（挪）汉拿斯，（印）辛哈著；王喆，韩阳译. — 北京：中信出版社，2016.6（2025.11重印）

书名原文：Your Strategy Needs a Strategy

ISBN 978-7-5086-6228-2

I. ①战… II. ①里… ②汉… ③辛… ④王… ⑤韩… III. ①企业管理 IV. ①F270

中国版本图书馆CIP数据核字（2016）第105906号

战略的本质

著　　者：[美] 马丁 · 里维斯　[挪] 纳特 · 汉拿斯　[印] 詹美贾亚 · 辛哈
译　　者：王　喆　韩　阳
策划推广：中信出版社（China CITIC Press）
出版发行：中信出版集团股份有限公司
（北京市朝阳区东三环北路27号嘉铭中心　邮编　100020）
（CITIC Publishing Group）
承 印 者：北京通州皇家印刷厂

开　　本：880mm×1230mm　1/32　　印　　张：10.25　　字　　数：175 千字
版　　次：2016 年 6 月第 1 版　　印　　次：2025年11月第22次印刷
京权图字：01–2016–2630
书　　号：ISBN 978–7–5086–6228–2
定　　价：48.00 元

目 录

推荐序

顾名思义，战略脱胎于战争。而战略最早可溯源至春秋时期的《孙子兵法》，其至今仍是美国西点军校教材内容之一。进入近现代，德国军事理论家和军事历史学家克劳塞维茨，是近代军事战略学的奠基人，其著作《战争论》更被誉为西方战争理论的根基。

虽然所处的时代不同，历史环境不同，两位战略大家都强调通过充分了解所处环境实现战略的灵活性。《孙子兵法 · 九变篇》说："将不通于九变之利者，虽知地形，不能得地之利者矣。"克劳塞维茨在《战争论》特别强调通过对战术的巧妙应用和对时机的把握形成战略优势。

在当今的商业社会，学习战略，成为一个战略思想家，是一个商业领袖，或者是一个企业的成功管理者必须面对的课题。因为在多变的市场环境中，战略不仅仅意味着未来五到十年的企业发展方向；在迅速多变的市场环境中，日常的经营决策都要用到战略。在路径不清、资源有限需要做出决策时，就必须洞察和分析外部环境、审视自身能力、结合对大势的判断以及权衡利弊最终做出决策。

作为当代全球著名战略咨询机构波士顿咨询公司布鲁斯·亨德森智库的领导人，马丁·里维斯等三位作者通过对全球诸多领先企业首席执行官的访谈和交流，并结合波士顿咨询公司五十年以来的商业咨询经验，撰写了《战略的本质》一书，以飨读者。该书审视了在纷繁变化中商业战略的变化类型，形成了战略调色板这一反映环境不可预测性、可塑性和环境严苛性的战略矩阵。他强调企业必须及时调整自身的战略，从而创立差异化的竞争力。这对于当今中国银行业，乃至于处在“新常态”和转型期的中国企业而言，无疑都具有积极的借鉴意义。在此我向作者表示祝贺,同时也向读者推荐此书。

李伏安

渤海银行股份有限公司董事长

第一章

绪论

你的战略需要策略

如何正确选择并执行企业战略

战略是通往目的的手段，是取得最佳商业成果的方法。提到战略，我们会不由自主地想到规划：审时度势、确立目标并设定达到该目标的各个步骤。长久以来，规划是商业战略的主流：董事会议中是这样，商学院课堂上也是如此。然而，有效的商业战略从不局限于这一种方法。石油公司会制定为期数十年的规划，但这种规划对每天都要面对新产品和新竞争者的软件公司首席执行官来说可能并不合适，软件公司正因为具备这样的特点，在制定战略时会更倾向于随机应变、把握时机。上面提到的长期规划对于创造新产品或新商业模式，并将其推向市场的公司来说也不适用。我们应当采取哪些方法制定战略？何种战略在何种情况下最为有效？这便是本书要回答的核心问题。此外，我们也会向读者展示正确选择战略所创造的价值是多么明显、多么巨大。

和过去相比，今天我们所面对的商业环境越发千变万化、难以捉摸。其原因有多个，其中包括全球一体化、科技飞速发展、经济紧密联系等。人们可能并没有完全注意到我们所面对的商业环境已日益多样化，而且涉及面也在不断扩大。

特别是大型企业，它们在拓展业务过程中所面对的商业环境日益纷繁，而且变化日新月异（见图 1–1）。企业必须选择合适的战略方法或战略组合，而且要随着环境的变化不断调整战略组合。

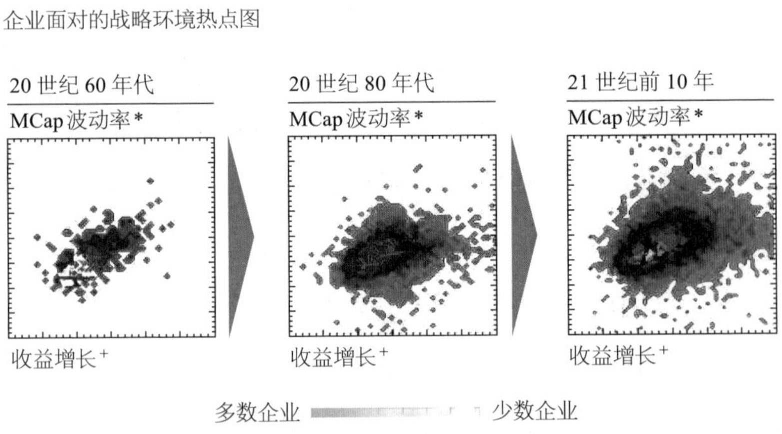

图 1–1　商业环境差异日益增大

数据来源：Compustat 数据库（美国公众公司）；马丁·里维斯、克莱尔·鲁夫、菲利普·提尔曼著，《战略的本质》（*Your Strategy Needs a Strategy*），哈佛商业评论，2012 年 9 月

注：MCap（market cap）指市值。

*过去十年市值年均增长的标准偏差（对数标尺）。

+过去十年的年均收入绝对增长百分比（对数标尺）。

一刀切的模式早已不再适用。

商业环境中日益加剧的不确定性和动态变化使得一些学者和商界领袖断言或是暗示，竞争优势乃至更广泛意义上的战略已与现实脱节。[1]而事实上，战略的重要性从未像现在这么突出。企业领导更替的频率与速度前所未有地加快，胜者和败者之间的差距变得空前巨大（见图 1–2）。许多首席执行官时刻提防着可能削弱自己公司地位的新生竞争者，而许多新兴企业一心想要做的正是此事。因而，针对所处的商业环境来制定与之相适应的战略凸显出前所未有的重要性。

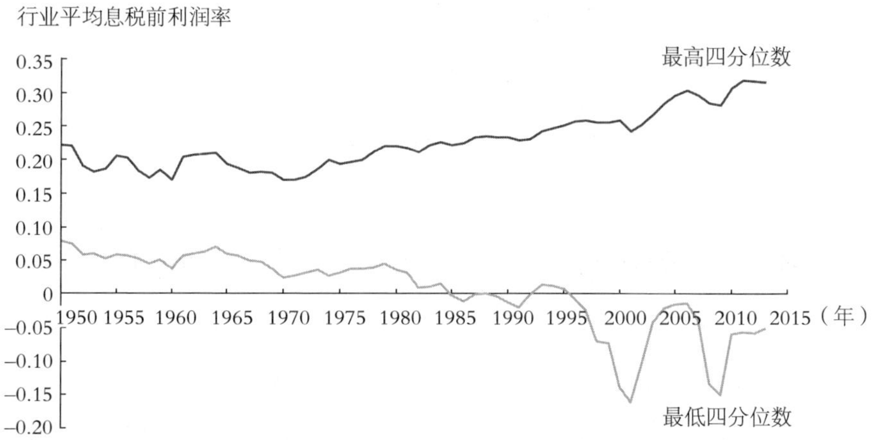

图 1–2 美国成功企业与失败企业间的差距不断拉大

数据来源：波士顿咨询公司分析（2014 年 8 月），Compustat 数据库

注：行业平均息税前利润率是基于对近 34 000 家上市企业分析得出的。这些企业主要为近年来净销售额超过 5 000 万美元的美国公司；首先按六位数字编码的全球行业分类标准计算出四分位平均值（未加权），接着取各行业的平均值（通过每年各行业的企业数量进行加权处理）；排除离群值（息税前利润率高于 100% 或低于 − 300%）及在某些年份中缺乏足够数据点的行业。

遗憾的是，现在比以往更难找到正确的企业战略。自20世纪60年代初商业战略的概念诞生以来，可供公司领导者选择的战略工具及战略框架数量大幅增长（见图1–3）。然而，这些战略方法如何相互联系，是否应当付诸实践却远未可知。

我们并非缺少制定战略的有效方式，我们的不足在于不能合理地针对外部环境选择正确的战略。波特五力模型可能在某一领域行之有效，而蓝海战略、开放式创新战略则适用于其他领域。但在认识每种战略时，人们倾向于将其当作包治百病的灵药。管理者及其他企业领导都面临着一个难题：环境越来越复杂多变，难以把握，成功的风险也越来越大，他们如何才能确定最有效的企业战略？如何借助适当的框架及工具，集思广益，采取行动，构思并执行企业战略？

在研究、撰写本书期间，我们咨询了多位商界领袖，再次证实了他们所面临的这种困境。他们中有些人指出，作为指导思想的战略越来越难以适应千变万化的环境；另一些人则解释说，需要有更行之有效的新方法来替代经典型的战略方法；一名高管甚至说"战略"这个词已经在他们公司被禁用了。许多人都说像他们那样规模庞大的综合型企业，在制定、执行战略的时候，只用一种方法是肯定行不通的。为了应对日益活跃的多元化商业环境以及大量涌现的战略方法，本书提出了一个统一的选择框架："战略调色板"。该框架旨在帮助企业领导正确

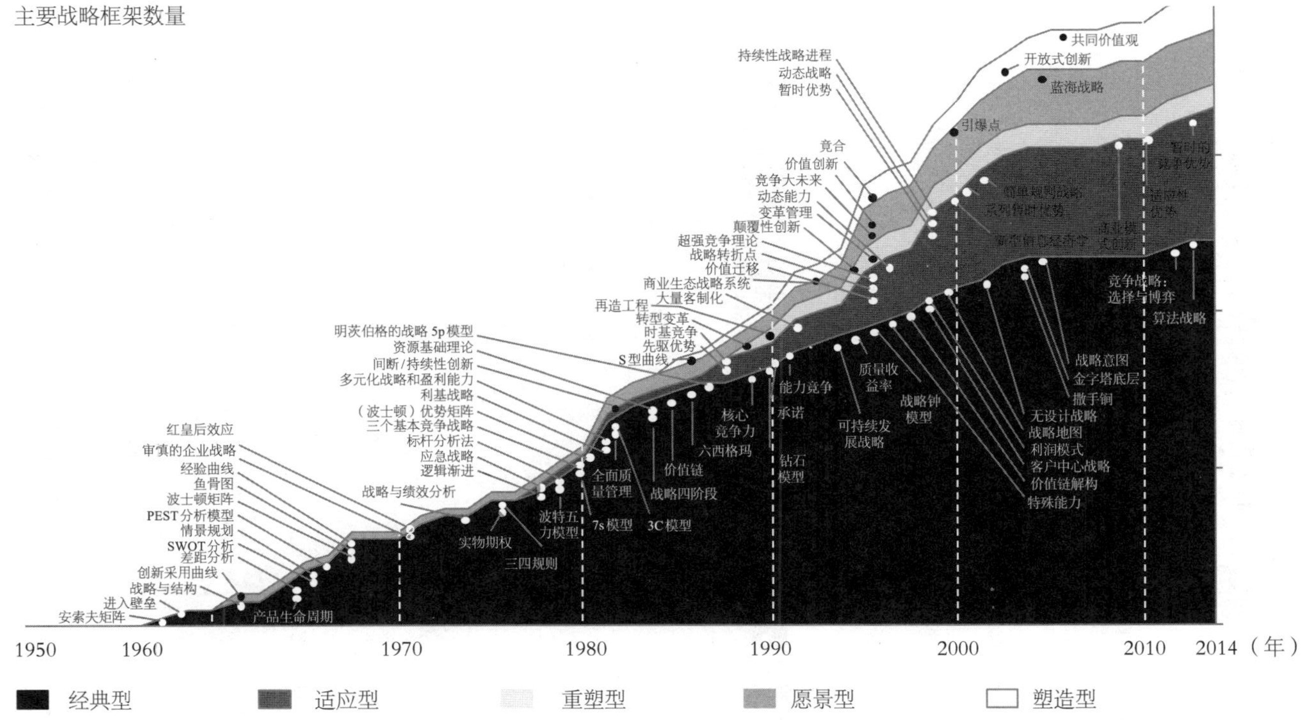

图 1–3 战略框架增长图

资料来源：潘卡基 · 盖马沃特，《历史视角下的竞争与企业战略》，《商业历史评论》第 76 期（2002 年春），第 37—74 页；劳伦斯 · 弗里德曼，《战略：一段历史》（纽约，牛津大学出版社，2013 年）；波士顿咨询集团战略研究中心的研究

注：3C 即客户（Customer）、竞争对手（Competitors）和企业（Corporation）；5P 即规划（Plan）、计策（Ploy）、模式（Pattern）、定位（Position）及观念（Perspective）；7S 即战略（Strategy）、结构（Structure）、体制（Systems）、共同价值观（Shared Values）、技能（Skills）、员工（Staff）及风格（Style）；PEST 即政治（Political）、经济（Economic）、社会（Social）及技术（Technological）；SWOT 即优势（Strengths）、劣势（Weaknesses）、机遇（Opportunities）及威胁（Threats）。

选择并有效执行与当前环境相匹配的战略方法；结合使用不同的方法以应对不同的环境或不断变化的环境，并从领导层面推动战略方法的组合应用。

战略调色板包含了五种战略原型——你可以将其理解为五原色。你可将其运用到企业的不同领域：跨地域、行业、职能以及企业生命周期的不同阶段，并可根据各领域面临的具体商业环境量身打造合适的战略方法。

本书的素材基础

本书基于广泛的调查研究撰写而成。本书是波士顿咨询公司（BCG）战略智库长达五年的研究、大量的客户访谈以及企业调研的成果。2012 年，波士顿咨询公司对世界主要工业国家的 150 家企业进行了详细调查，范围涵盖银行、制药、高科技、农业等多个行业。此外，我们还分析了 60 年间不同行业的发展状况，以便更好地了解商业环境在此期间发生了怎样的变化。

此外，我们还与企业首席执行官进行了 20 多次深入的访谈，让他们谈一谈自己制定和实施成功战略的经验和看法，以此作为对先前调查的补充。我们还同我们的科研合作方——特别要提一下普林斯顿大学的西蒙 · 列文——进行了合作研究，从生物与进化战略的角度深入发掘和探讨，该领域通常与复杂、多样、多变、不确定的环境相联系。

最后，我们借助数学方法对战略调色板进行了进一步探索。我们开发了一个能够模拟商业战略及其在不同商业环境中表现的计算机模型。基于这一模型，我们推出了配套苹果平板电脑应用，读者可以通过这款应用深入感受并理解每一种战略方法。如需下载该应用，请访问苹果应用软件商店，搜索“Your Strategy Needs a Strategy”。您也可以登录我们的网站找到这款软件，网址是：www.bcgperspective.com/yourstrategyneedsastrategy。

五大战略环境

战略调色板

从本质上说，战略就是解决问题的方案。只有进行具体问题具体分析，才能找到最佳的解决办法。企业所处的环境决定企业应采取的战略，企业需要对环境进行评估，从而搭配、运用合适的方案。然而，你如何才能找出商业环境的特点，如何选择最适合的制胜战略？

商业环境可以按照三个简单的维度进行分类：可预测性（企业能否预测商业环境未来的发展变化）、可塑性（企业是否能够独立或者以合作的方式重塑商业环境）、环境严苛性（企业能否在商业环境中生存）。将这几个方面整合起来，便形成了五类典型的商业环境，每一类环境都要求企业制定并实施与之相对应的战略方案（见图1–4）。

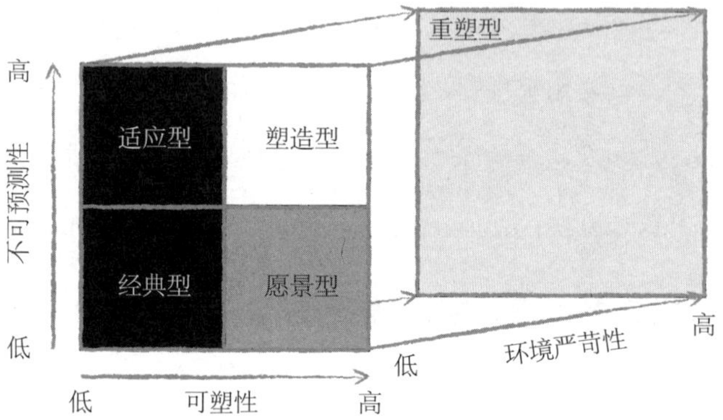

图1–4　战略调色板：五种商业环境以及战略方案

- 经典型：能够预测，但无法改变。
- 适应型：无法预测，也无法改变。
- 愿景型：能够预测，也能够改变。
- 塑造型：不能预测，但能够改变。
- 重塑型：企业资源严重受限。

五大战略原型

每种商业环境都有与之相对应的典型战略方案，在战略调色板中，我们称为与之相对应的色彩。例如：在可预测的经典型商业环境中，企业需要采取能够明确企业定位的战略。这类战略基于企业在规模、差异性或内在能力所形成的优势，通过综合全面的分析与规划来实现。在适应型环境中，由于规划既赶不上变化的速度，也无法应对不可预测的情况，企业需要不断地进行尝试。在愿景型环境中，企业只有通过率先创造新市场或颠覆旧市场规则才能取胜。在塑造型环境中，企业可以携手合作，通过协调各利益相关方的商业活动共同塑造行业格局，使其为自身利益服务。最后，面对重塑型环境的严苛条件，企业必须首先保存和腾出资源，以确保自身的生存和发展，接着从其他四种方法中选择一种，重新走上增长之路，从而实现长期繁荣。在最基本的层面上，每一种战略的核心理念大不相同：

- 经典型：做大。
- 适应型：求快。
- 愿景型：抢先。
- 塑造型：协调。
- 重塑型：求存。

正确的方法会给企业带来回报。我们的研究表明，成功做到将战略与商业环境相匹配的企业与没做到的企业相比，其股东总回报比其他企业高出4%~8%。[2]不过在我们调查的企业中，有大约半数企业在一定程度上选择了不适合其所处环境的战略。

下面，我们将更深入探讨企业应该如何成功运用战略调色板上的每一种“原色”，以及每种“原色”为什么能在特定的环境中发挥最大作用。

经典型战略

在那些采用经典型战略的企业领导看来，世界是可以预测的，竞争基础是稳定的，企业一旦获得优势，就可以长久地保持下去。由于他们无法改变外部环境，这类企业会在所处的环境中寻找自己的最佳定位。这类企业庞大的规模、差异性优势或内在能力是其找到最佳定位的基础。

在经典型环境中，企业的市场地位优势可以长时间保持：环境是可以预测的，发展是循序渐进的，不会有巨大的颠覆性变化。

为了获取有利地位，采用经典型战略的企业领导会采取以下思维模式：首先，他们会分析企业竞争优势的基础以及企业能力与市场需求的结合点，预测这一切会随着时间的推移如何发展；其次，制定规划，以建立并维持企业的优势地位；最后，严格有效地执行规划（见图 1–5）。

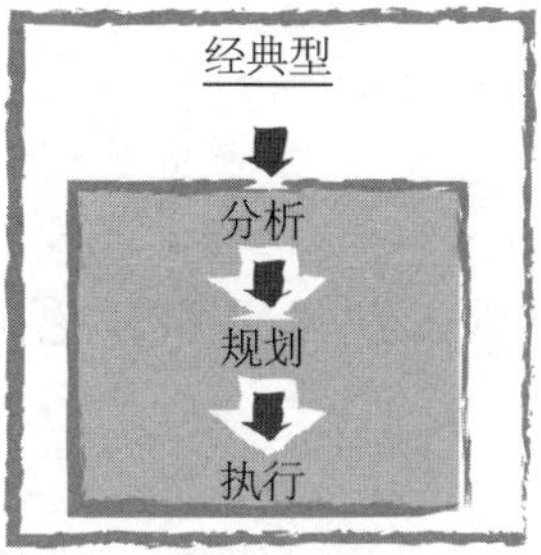

图 1–5　经典型战略

我们来看一看生产糖果和宠物食品的国际品牌玛氏如何成功地执行经典型战略。玛氏致力于发展自己可以引领并可获得规模优势的产品种类与品牌，该公司通过扩展产品领域来创造价值。在这种战略的帮助下，玛氏在过去一个世纪发展成为利润高达 350 亿美元的大企业，成了多个产品领域中的领导者。[3]

经典型战略可能是企业最为熟悉的一种战略。事实上，对于许多企业管理者来说，战略指的就是经典型战略。商学院教授的是这个战略，大多数企业最常采用的也是这个战略。

你可能已经知道的事

大多数读者可能对一些战略概念已经有所了解。因此，你可以将自己对战略的了解同战略调色板中的五种色彩联系起来。在本书中，我们会在详细介绍五种方法的章节中，以附录的形式介绍主要的相关学说以及相应的框架和工具。

比如，我们将在详述经典型战略的章节中介绍布鲁斯·亨德森的经验曲线以及增长份额矩阵，以及迈克尔·波特著名的五力模型。我们将在详述适应型战略的章节中介绍凯瑟琳·艾森哈特的简单规则战略以及丽塔·麦克格蕾丝的敏捷性战略。我们将在详述愿景型战略的章节中介绍加里·哈默尔与哥·克·普拉哈拉德合著的《竞争大未来》一书；我们还将在详述塑造型战略的章节中介绍有关平台企业和商业生态环境发展的研究和著作。

我们的目标不是泛泛而谈，而是向读者展示这些著名的战略理论之间的联系，以及它们同战略调色板之间的关联，帮助读者更清楚地了解哪些方法在何时更加适用，为读者开展进一步研究提供一些帮助。

适应型战略

在商业环境无法预测且不易改变的情况下，企业应该采用适应型战略。一旦形势难以预测，优势转瞬即逝，应对持续不断变化的唯一方法是严阵以待，并构建不断改变自己的能力。在适应型环境中，不断调整，先人一步，更为经济地找到新的选择方案是企业的制胜法宝。在经典型战略中，保持竞争优势是真理，但在适应型战略中，竞争优势变成了一系列的短期优势。

要想通过尝试来实现战略上的成功，适应型企业需要掌握三个核心步骤：首先，它们需要不断地改变方法，提出大量的战略选择方案，并对其进行检验；其次，它们需要仔细挑选其中最成功的战略，并进行推广和探索（见图 1–6）。一旦商业环境发生改变，企业还需迅速重复这一渐进过程，以确保自身优势得以存续。适应型战略不像经典型战略那样强调理性——企业的优势源于不断尝试新事物，而非仰仗分析、预测、优化。

塔塔咨询服务公司是一家提供信息技术服务和解决方案的印度公司，其所处的商业环境既不可预测，也无法改变。这家公司必须不断适应从客户服务器到云计算领域的技术重心转移，以及这些变革对客户服务和竞争基础的冲击。通过采取适应型战略，塔塔咨询服务公司专注于监控商业环境变化、进行战略试验、保证组织的灵活性。该公司的年收入在 1996 年为 1.55 亿美元，到 2003 年增长到了 10 亿美元，截至 2013 年已经突破了 130 亿美元，成为世界第二大信息技术信息服务公司。[4]

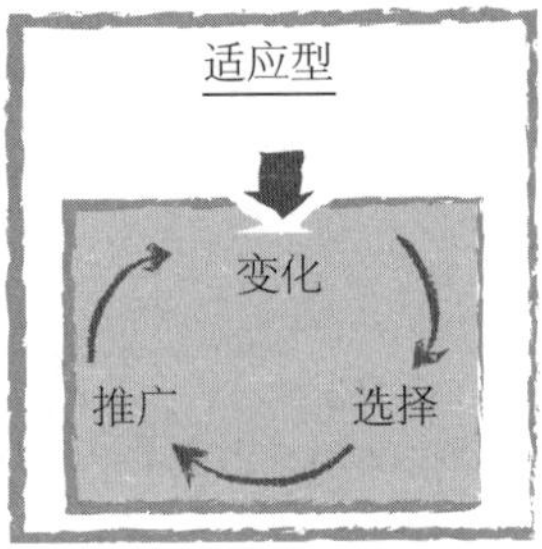

图 1–6　适应型战略

愿景型战略

采用愿景型战略的企业领导认为，企业能够凭自身的力量创造或再造商业环境。愿景型企业的成功之道在于率先引进革命性的新产品或商业模式。尽管商业环境对其他企业来说充满了不确定性，但愿景型企业领导深信自己有机会来创造新的细分市场或颠覆现有的市场格局，他们随后采取行动将这个想法变为现实。

只有当愿景型企业独立建立起一个具有吸引力的全新市场格局时，这一战略才真正奏效。企业可以率先运用新技术，或者首先发现并解决令客户不满的主要因素和潜在需求。企业也可以通过创新来改进陈腐的商业模式，或是赶在其他竞争者之前发现重大的趋势和潮流。

采用愿景型战略的企业同时具有一套独特的思维模式。首先，由愿景型企业领导提出一个有价值而且可以实现的设想；然后，他们凭借自己的能力率先对该设想进行全面构建。最后，他们不断努力实施并推广该设想，将自身全部潜力挖掘出来（见图 1–7）。与经典型战略的分析和规划以及适应型战略的反复尝试相比，愿景型战略更加注重设想和实现设想。从本质上说，愿景型战略是一种极具创造力的战略。

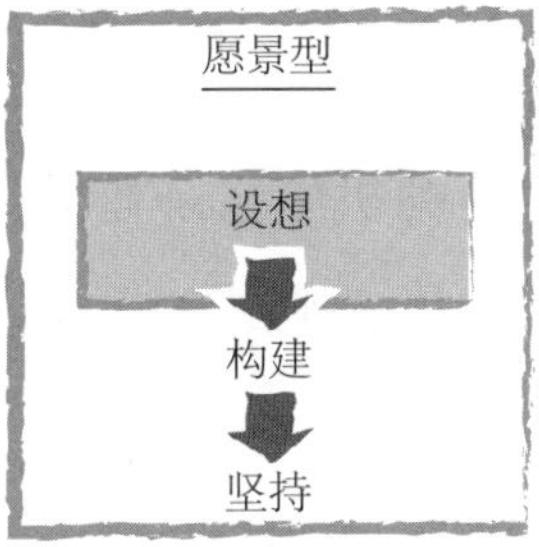

图 1–7　愿景型战略

昆泰医药是临床研究机构的先锋，也是外包医药研发服务的先行者。该企业是采用愿景型战略的典范。

尽管在其他人眼中，医药行业模式是稳定的，但昆泰医药的创始人兼董事会主席丹尼斯 · 吉林斯却认为有机会通过打造全新的商业模式来提高药品研发的效率。吉林斯于1982年率先采取行动，结果不仅把握住了他所发现的机遇，而且从中充分获益。迅速果敢的行动力帮助昆泰医药在行业中保持了领先的地位，而且还使它大幅超越了潜在的竞争对手。如今，昆泰医药是其创造的临床研究机构领域中规模最大的企业，并且密切参与了目前市场上50种最畅销药品的开发或商业化工作。

塑造型战略

当环境不可预测但具备可塑性时，企业有机会在行业发展的早期阶段对其进行塑造或重塑，并对行业规则进行定义或重新定义。

面对这样一个绝佳的机会，企业需要与其他各方携手合作，这是因为仅靠一家企业的力量无法塑造整个行业格局，而且企业还需要与其他各方共同分担风险，发挥互补作用，在竞争对手采取行动之前迅速构建新市场。塑造型企业面对的环境具有巨大的不可预测性，这是因为它所处的行业尚在发展初期，企业需要对利益相关方产生影响，但又无法完全掌控利益相关方的行为。

采用塑造型战略的企业首先要吸引其他利益相关方的参与，在恰当的时间点共同打造未来愿景。它们需要建立起一个平台，在这个平台上进行协调合作；然后通过扩大平台规模以及保持平台的灵活性和多样性，对平台进行发展，同时积极发展与利益相关方之间的生态系统（见图 1–8）。塑造型战略与经典型、适应型、愿景型战略的差异颇大——塑造型战略更多地着眼于生态系统，而不是企业个体；此外，塑造型战略同时致力于在竞争中求合作以及在合作中展开竞争。

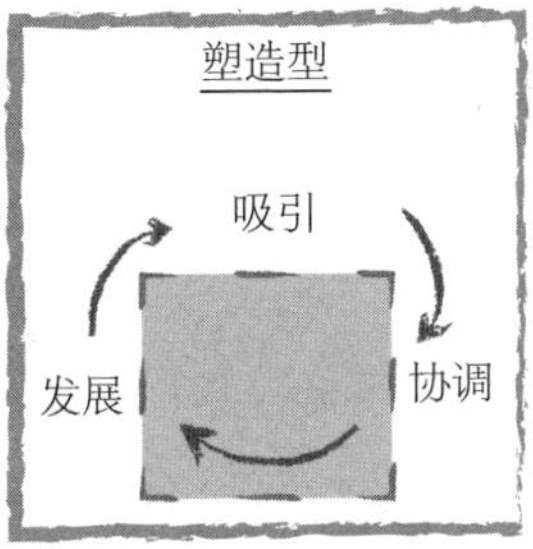

图 1–8　塑造型战略

诺和诺德公司从 20 世纪 90 年代开始采用塑造型战略，以此来赢得中国糖尿病治疗市场。当时，糖尿病问题在中国才初现苗头，诺和诺德公司无法准确预测市场走向，但是通过与患者、监管机构以及医生展开合作，诺和诺德公司对市场格局产生了重要影响。如今，该公司已经成为中国糖尿病医疗市场上公认的领军企业，拥有 60% 以上的胰岛素市场份额。

重塑型战略

重塑型战略旨在帮助那些在严酷环境下求生存的企业重新恢复活力并再度获得竞争力。企业之所以会陷入这种艰难的境地，有可能是因为企业的战略方法与环境长期不匹配，也可能是由企业外部或内部的动荡所造成的。

当外部环境充满挑战，当前的经营方式已无法持续下去时，果断进行变革不仅是企业唯一的生存之道，而且还能帮助企业抓住复兴的机会。首先，企业必须尽早认清不断恶化的环境并采取应对之策。其次，企业需要果断行动以求生机，通过重新调整业务重心、缩减成本、保存资金来节约开支，同时腾出资源来支持企业接下来的复兴之路。最后，企业必须从其他四个战略原型中选出一个供未来发展之需，以确保企业能够再次踏上增长繁荣之路（见图 1–9）。重塑型战略与其他四种战略截然不同：重塑型战略起先以防御为主，包含两个独特的阶段，然后支持企业从其他四种战略原型中选择其一。由于与环境脱节的企业日渐增多，重塑型战略的应用变得愈发普遍。

美国运通公司正是采用了重塑型战略来应对金融危机。2008 年信贷危机爆发时，美国运通公司面临违约率上升、客户需求下滑、资本供应减少等三重打击。为了让企业生存下去，该公司解雇了约 10% 的员工，剥离了非核心业务，并且停止了

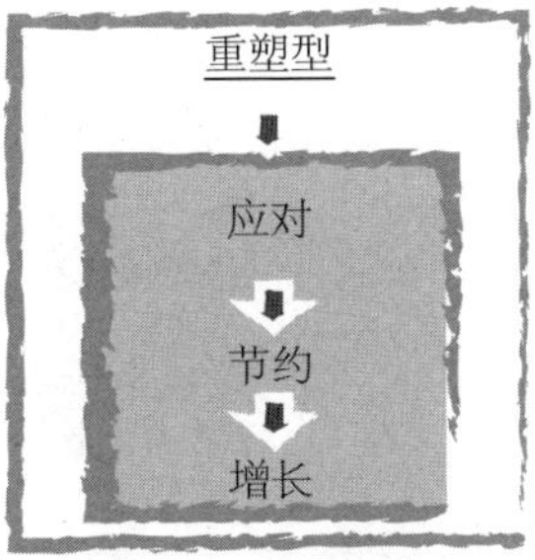

图 1–9　重塑型战略

副线投资。到 2009 年，美国运通公司共节约了近 20 亿美元的成本，并通过吸纳新合作伙伴、投资会员项目、开展存款业务以及运用数字技术，为增长和创新奠定了基础。截至 2014 年，该公司的股票较衰退时期的低点飙升了 800%。

如何运用战略调色板

战略调色板的应用可分为三个层次：为企业的特定部门或业务领域正确匹配、实施某种战略；有效管理企业不同部门、不同业务在不同发展时期采取的多种战略；帮助企业领导推进战略方法的组合使用（见图 1–10）。

战略调色板为领导者提供了一种全新的方法，来为企业的特定部门或业务领域定义和选择适合的战略。同时，调色板还为企业提供了一条逻辑线索，帮助企业将每一种战略的制定和执行联系在一起。在许多企业中，战略制定和执行常常被人为

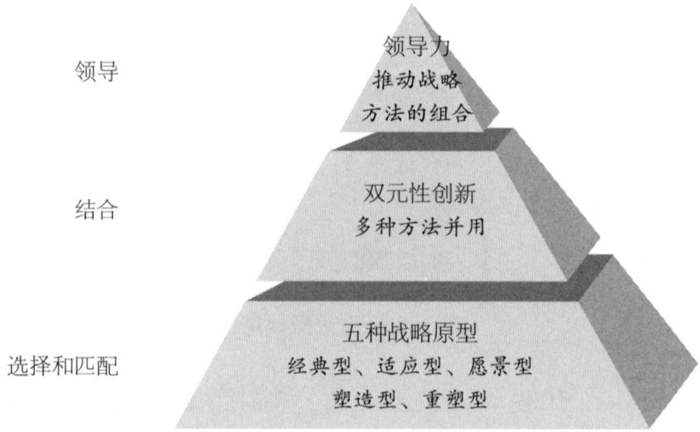

图 1–10　战略调色板应用的三个层次

分开，有些是在组织架构上，有些是在时间上。对于每一种战略而言，不仅构思的方式不同，而且实施的方法也各不相同，这对信息管理、创新、组织架构、领导和文化也提出不同的要求。因此，战略调色板不仅为企业的战略方向提供指导，还能帮助企业设计运营方案。表 1–1 总结了战略调色板的关键要素，以及企业运用五种战略方法的具体案例。

调色板还可以帮助企业领导对其业务进行“去平均化”处理，也就是将企业分成不同的组成部分，针对每一部分采取特定的战略。在战略调色板的指导下，企业领导可以在不同的业务单元和地区，以及在企业生命周期的不同阶段对多种战略进行有效组合与使用。如今，大型企业面对的商业环境日益多元化，商业环境的变化速度也日益加快。几乎所有大企业都涉足

表 1–1　战略调色板中的五种战略原型

方法					
关键元素	**经典型**	**适应型**	**愿景型**	**塑造型**	**重塑型**
核心理念或必要条件	• 做大	• 求快	• 抢先	• 协调	• 求存
环境类型	• 可预测，不具备可塑性	• 不可预测，不具备可塑性	• 可预测，具备可塑性	• 不可预测，具备可塑性	• 环境严苛
适用行业	• 公共事业 • 汽车 • 石油、天然气	• 半导体 • 纺织、零售业	• 不针对特定行业（打破旧格局，创造新产业）	• 部分软件领域 • 智能手机软件	• 2008—2009 年金融危机期间的金融机构
特征	• 低增长 • 高度集中 • 成熟行业 • 监管法规稳定	• 增长不稳定 • 集中度有限 • 新兴行业 • 高科技变革	• 高增长潜力 • 空白区，无直接竞争者 • 监管法规有限	• 碎片化 • 无主导企业，平台化 • 监管法规有塑造空间	• 低增长，衰退，危机 • 融资能力有限 • 负现金流
做法	• 分析，规划，执行	• 变化，选择，推广	• 设想，构建，坚持	• 吸引，协调，发展	• 应对，节约，增长
成功标准	• 规模 • 市场份额	• 周期 • 新产品活力	• 率先进入市场 • 新用户的客户满意度	• 外部生态环境发展和利润率 • 新产品活力指数	• 节约成本 • 现金流
相关方法	• 经验曲线 • 波士顿矩阵 • 波特五力模型 • 能力	• 时基竞争 • 暂时优势 • 适应性优势	• 蓝海战略 • 创新者困境	• 网络 • 外部生态环境 • 平台	• 转型 • 变革
重要案例	• 雷富礼领导下的宝洁公司 • 麦克尔斯执掌的玛氏	• 钱德拉 · 塞卡让领导下的塔塔咨询服务公司 • 麦克奈特领导下的明尼苏达矿务及制造业公司	• 贝佐斯领导下的亚马逊 • 吉林斯领导下的昆泰医药	• 乔布斯领导下的苹果公司 • 索伦森领导下的诺和诺德公司	• 钱纳特领导的美国运通公司 • 本默切领导下的美国国际集团
主要陷阱	• 过度运用	• 盲目地为无法被规划的事制定规划	• 愿景错误	• 过度管理企业的生态环境	• 没有第二阶段

了多个业务领域，足迹遍布众多国家和地区，每个业务领域和地区市场都有其独特性，因此需要企业同时制定和实施不同的

战略。适用于快速变化的技术部门的战略并不一定适合成熟部门，在快速发展经济体市场有效的战略不见得在成熟经济体市场同样有效。

**战略调色板三维度：
环境的不可预测性、可塑性、严苛性**

为什么我们将环境的不可预测性、可塑性、严苛性作为定义商业环境与进行战略选择的三个维度？经典型战略是最为人所熟知且经过历史检验的一种战略。通过分析经典型战略背后的基本假设，同时参考商业环境的变化，我们能够证明这三个维度是进行战略选择的最佳支柱。

采用经典型战略的领导者认为世界从根本上来说是可预测的。因此，制定长期规划以及对预测和分析进行投资都是有意义的。此外，由于经典型领导者相信环境是既定的，因此他们并不认为自己能够显著改变游戏规则。同时，他们相信环境是稳定的，因此并不具备可塑性。基于这些假设，经典型领导者主要通过对企业进行最佳定位来最大限度地利用现有条件。

然而，在日新月异的世界中，这些假设在三个最根本的方面受到了挑战。首先，由于当今商业环境的不可预测性日益增强，长期规划往往不再奏效。其次，在技术变革、全球化以及其他因素的推动下，现有的行业结构常常被颠覆。在这样的大背景下，行业结构和竞争基础越来越具备可塑性，而企业拥有了更多机会来塑造市场发展的轨迹。最后，由于战略偏移的时间过长或受到突然爆发的危机影响，战略与环境不匹配的现象变得日益严重，而且越来越普遍。因此，我们需要把环境的严苛性纳入考量，这就需要企业节约开支，并将重心放在短期内的企业生存问题上。

毋庸置疑，任何企业或商业模式都有其生命周期，在生命周期的不同阶段需要采用不同的战略。尽管具体过程可能多种多样，但总体来说，企业通常诞生于战略调色板的愿景型象限或塑造型象限，然后按照逆时针方向进入适应型象限和经典型象限，最后在受到创新浪潮的进一步冲击后，进入一个新的周期（见图 1–11）。比如，苹果公司采用愿景型战略创造了苹果手机，然后采用塑造型战略建立起了由软件应用开发者、电信公司和内容提供商携手合作的生态系统。随着竞争者竞相采用日益趋同的产品冲击苹果公司的市场地位，苹果公司今后采取的战略很可能会越来越倾向于适应型和经典型。昆泰医药在发展过程中同样采取了这种战略更替的方式。

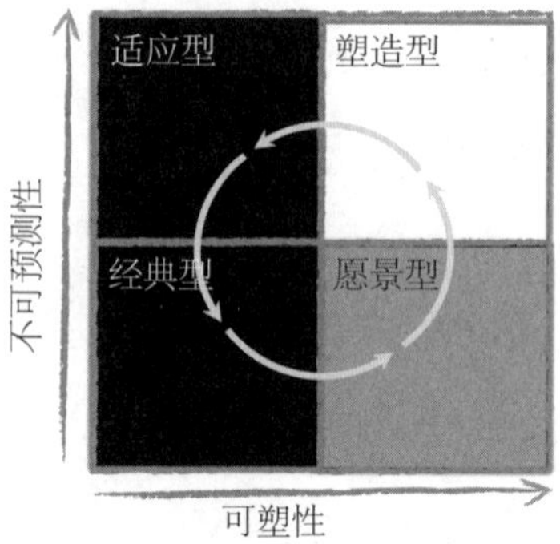

图 1–11　不同阶段的不同战略

企业领导通过建立和调整战略环境，对战略调色板的运用起到了极其重要的作用。领导者通过对环境进行分析来决定在哪些业务领域和地区采取何种战略，并指派合适的人选去执行战略。此外，企业领导还能在企业内部和外部宣传、推动整体战略。他们不断鼓励推进战略组合，通过提出正确的问题来保持战略的活力与实时更新，通过不断挑战现有假设来防止主导逻辑蒙蔽企业的视角，并且运用自身力量来支持重要的变革举措。

陷阱：容易出现问题的地方

大多数受访企业领导都知道需要根据环境运用不同类型的战略：他们中约 90% 的人认为这一点很重要。但同时，企业要想有效地选择和执行战略也面临不少挑战。我们观察到三种类型的陷阱会扰乱原本良好的意图。

环境感知

尽管一些企业领导正确判断出了企业所处商业环境的可塑性与不可预测性，但许多企业领导往往会忽略客观现实，潜意识里将环境的可预测性和可塑性提高。或许人类本能地认为自己可以预测并控制周围的环境，但许多情况下并非如此。正如我们所见的，这种能力的缺乏将对战略的制定产生重要影响。事实上，我们在调查中发现，无论现实情况如何，企业领导总会认为环境是可预测和可塑的（愿景型）。基于这一偏见，环境通常较少被视为不可预测或不具备可塑性（适应型），这显然与现实情况不符。此外，我们还发现企业迟迟不愿承认自己身处困境之中，需要制定重塑型战略。从理论上讲，重塑型战略具有先发制人的效果，但在实践中，大多数企业只会在财务状况或竞争表现开始下滑时才进行改变或转型。

选择合适的战略

我们还发现一些企业在战略选择上存在错配的情况。虽然企业宣布的战略类型大多与感知环境保持一致，但在逻辑上却与它们对环境的认知不符。比如说，由于企业对塑造型战略较为陌生，因此在选择战略时容易将其与适应型战略相混淆。此外，企业通常更愿意采用适应型战略，但并不以自身对环境不可预测性的客观评估作为依据。这种错配可能是由于近期灵活性、速度、商业实验的概念大行其道而导致的结果——这些概念不现实，盲目偏向于运用适应型战略。

正确运用不同类型的战略

最终，许多企业领导基于商业环境选择了合适的战略，但他们的企业往往在运用战略时磕磕绊绊。我们的调查显示，尽管领导已经宣布采取不同类型的战略，但企业仍有强烈的意愿留恋较为熟悉和相对舒适的实践方法（往往与愿景型和经典型战略相关）。以规划制定为例，大多数企业会制定战略规划，近 90% 的受访企业表示无论商业环境的变化节奏如何（有时企业甚至已感知到变化），它们仍然以年度为单位制定战略规划。

如何使用本书

本书开篇探讨了五种核心的战略类型——战略调色板的原色。随后，我们将探索如何将这些原色进行组合——在企业不同部门内同时或陆续使用不同类型的战略，以及领导者在协调战略组合时发挥的作用。

我们利用案例研究和企业访谈来阐述每种战略类型，每章都会以一个重要的案例研究作为开端。此外，书的的附录会校验战略调色板的理论基础，并通过展示模拟不同环境和战略得到的结果来阐释每种战略类型的运行机制。本书结尾处有一篇简短的后记，解释管理者应该如何掌握与运用战略调色板。

第二章至第六章，每一章节都将深度剖析一种战略类型，探讨以下几个方面：

（1）该战略的定义与特征是什么。

（2）何时运用该战略。

（3）如何成功运用该战略，包括如何制定和实施战略，以及对信息管理、创新、文化、组织架构和领导力的影响。

（4）技巧和陷阱旨在指导每种战略的实际应用。

在案例分析以及与首席执行官的讨论中，你可以观察到每种战略的运用情况。值得注意的是，我们主要是以成功的企业及其领导作为案例进行研究，以阐述各种战略类型，而非将他们奉为全能或者优秀的永恒典范。环境会改变，竞争优势会减退，企业的命运兴衰起伏。事实上，这也是企业需要随着时间调整战略的根本原因。我们希望通过这些案例来展示企业在特定领域和特定时期成功运用每种战略的经验。

在探索了战略调色板的五种原色后，我们将关注调色板的高阶运用。第七章讲述的是企业如何同时或先后（跨地域、跨业务或跨企业生命周期各阶段）运用多种战略。我们将这种综合运用多维度战略的能力称为“双元性创新”。四种技巧有助于实现双元性创新，并能在各种环境下获得最优方案。

- 剥离：企业根据业务单元（部门、地区、职能）谨慎地选择战略，并独立运用这些战略。
- 切换：企业管理一个共有资源池，随着时间的推移切换战略，或在特定时期将这些战略结合在一起。
- 自组织：当自上而下选择和管理战略变得过于复杂时，每个部门自主选择最佳的战略。
- 外部生态系统：在企业所依靠的外部生态系统中，其他企业自行选择合适的战略。

战略调色板的数学理论基础

我们为什么选择经典型、适应型、愿景型、塑造型、重塑型这五种类型的战略？有什么依据证明它们是每种环境下的最优选择？事实上，每种类型的战略背后都有坚实的数学理论作为支撑，通过模拟战略调色板的商业环境进行论证——从类似经典型的战略环境（即高度可预测），到类似塑造型的战略环境（即高度不可预测且高度可塑）。然后，我们模拟不同类型的战略管理方式，把它们放在一系列环境中进行比较，选出多轮验证中表现最好的战略类型（见图1–12）。这种模拟充分验证了五种战略原型和各自商业环境之间的匹配度（我们将在附录C中详细阐述这一模型）。在每章的附录中，我们会利

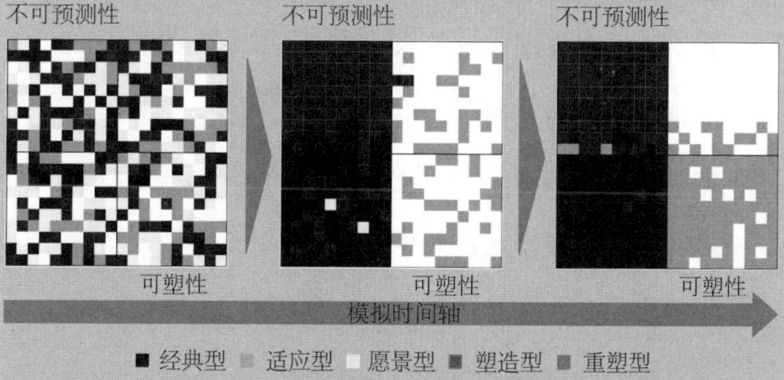

图1–12 不同环境下的最优战略（模拟）

资料来源：波士顿咨询公司MAB模拟机制

用该模型解释为什么每种战略类型与特定的商业环境最匹配。

我们利用同样的模拟模型作为基础，开发了一款苹果平板电脑应用。该应用以商业游戏为背景，你可以通过运作最简单的业务——柠檬水摊位，来探索一种类型的战略，观察它们在何种环境下效果最佳。读者通过这款应用不仅能够了解如何选择和实施不同类型的战略，而且还能加深对每种类型战略的切实感受。

第八章论述的是身为企业领导在创造和推动战略组合时所发挥的作用。为此，我们为企业领导定义了八种关键角色。

- **诊断者：**拓宽视野，评估商业环境，并选择最佳战略。
- **细分者：**将战略类型与企业内部各个层级部门进行匹配，并进行适当的细分。
- **颠覆者：**在战略推进的过程中，回顾诊断结论和细分内容，必要时调整或改变战略类型。
- **指导者：**挑选合适的人员管理战略组合中的每一个板块，并在理论和经验上加以培养。
- **推销者：**在企业内部与外部，对战略选择进行清晰统一的推销与宣传。

- **提问者**：通过提出恰当的问题，为每种类型的战略建立或修正实施环境。
- **接收者**：不断接收外部信号，有选择性地放大其他人可能忽略或低估的重要变革信号。
- **推动者**：利用自身影响力，推动改革举措，加速实施过程或帮助克服抵抗情绪和惰性。

最后，后记部分详细阐述四个步骤，有助于管理者理解和掌握战略调色板的应用。

你一旦熟悉了这几种不同类型的战略，就可以尝试将其运用于企业当中：评估企业所处的商业环境、选定最佳战略类型，并评估企业现有的实践运用。附录A中简化版的调查问卷将提供一个简单却具有方向性的观点；你也可以在网上找到更详细的版本：bcgperspectives.com/yourstrategyneedsastrategy。附录B为那些想要深入了解不同战略类型的读者列出详细的阅读清单。附录C提供了关于我们模拟不同商业环境和战略类型的背景和细节。

第二章

经典型战略：做大

玛氏公司：以经典方式获胜

如果你想要找到玛氏公司运营环境相对稳定的证据，只需看一下它们推出其代表性巧克力的时间便可：银河巧克力棒（Milky Way），1923年；士力架（Snickers），1930年；玛氏棒（Mars Bar），1932年；玛氏巧克力豆（M&M's），1941年；特趣（Twix），1979年。2014年世界最畅销的糖果是什么？是士力架和玛氏巧克力豆。[1]这么多年过去了，对这家由弗兰克·玛氏于100多年前创立的公司来说，这些品牌依然是其成功的基础。拿2014年来说，玛氏公司的年收入约为350亿美元，旗下11个品牌价值超过10亿美元，公司跻身美国最大的私有企业之列。[2]

玛氏通过公司规模和内在能力维持了市场的领导地位——做到最大、最好。规模是玛氏成功的重要因素，玛氏总裁保罗·迈克尔斯说："我们公司十分重视规模——公司规模大了，才能刺激生产规模、提高资源利用、控制成本、创造价值。"玛氏不仅是巧克力行业中的龙头老大，而且在其他五个行业中也占据领先地位。这五个行业中包括宠物食品，玛氏旗下的品牌有宝路（Pedigree），以及口香糖，玛氏旗下的品牌有箭牌薄荷口香糖（Wrigley's Spearmint Gum）。

稳定，以及由此带来的可预测性是玛氏选择战略的基础，这意味着玛氏可以规划。"一旦品牌在客户心中树立起来了，将会持续很长时间，"迈克尔斯说，"我们之所以规划，一方面因为我们公司运营的市场相对稳定，另一方面因为有效经营我们的资产非常重要。"迈克尔斯着眼于制定一年或者长期的规划。他说："我们十年前取消了一个比较复杂的中期规划方案，因为那个方案真的不管用。"

迈克尔斯说，成功制定规划的关键是力求简单，重点研究关键问题："要把注意力放在我们可控的事情上——成本和利润。对于像我们这样的产业领导者来说，制定战略的工作内容就是提供更多的商品种类，这就是我们一直要考虑的事情。"

战略的制定是自上而下的。他说："战略是由我——首席财务官——以及其他几位成员和家族董事会共同商讨的结果。”但在此之后，战略方案会在公司内大范围地共享，供员工讨论，这样所有人都轻而易举地领会战略的内容。“我们经常开大会，我们希望能够用便于理解的方式在20分钟内说清楚战略的内容。”

在制定战略的过程中，迈克尔斯秉持了五项原则。这五项原则渗透进了公司的文化中，它们是质量、责任、互惠、效率以及自由。只要你走进位于弗吉尼亚州麦克莱恩的玛氏公司总部，就能清晰地体会到作为五项原则之一的效率。有超过7万名员工（玛氏更愿意把他们叫作“合伙人”）在玛氏公司总部工作，但总部却位于一栋不起眼的二层小楼里，而且只占了一层。迈克尔斯揶揄地说道：“曾经有一位雀巢公司的高管来到这儿，还以为自己走错了地方呢。”

玛氏公司重视纪律和效率。比如说，就算是迈克尔斯本人也要打卡上班。

公司总部结构进一步反映出了企业的组织方式——平面化，依靠寥寥几位经验丰富的人来进行管理。“简单明了十分重要。”迈克尔斯说，“多余的层级与步骤会削弱洞察力。战略固然重要，但它并不需要一个繁杂的规划过程。”

在2008年收购美国箭牌糖类有限公司之后，玛氏从之前由地域决定生产的模式转变为各个业务单位独立经营的模式。迈克尔斯解释说，改革是为了“增强我们对市场的洞察力，以及在每一个商业领域的经营能力”。

作为一家私营企业，玛氏并没有被季度财务报表束缚住手脚，它所做出的决议能够立足长远。公司通过渐进创新而非激进创新的方式，来更新生产过程和品牌。玛氏想要改善其外部环境的一个方面，就是通过创新来刺激终端需求，例如：在巧克力销售非常低迷的夏季，通过首创设计“彻夜大狂欢”（Big Night In）游戏促进巧克力销售。[3]

简言之，玛氏是采用经典型战略公司中的典范。该公司通过在稳定的商业环境中保持商品种类及品牌的领先优势，制定缜密、薄利多销的规划，对其所涉足的各个领域进行深入了解，增强内在能力，打造规模经济。

经典型战略：核心理念

经典型战略——战略规划——对大多数读者来说是再熟悉不过的了。你可能在商学院学过相关课程，也可能每年都会亲历其中。事实上，可能正因为对制定战略这件事太过熟悉，人们反而将其当成例行公事，而并没有对此进行仔细考量。因此，在本章中，我们将重点探讨几个常常被忽略的问题，比如：什么时候应当采用经典型战略？什么时候应当采用其他战略？能够增强洞察力和影响的战略规划与制定预算前的例行公事有何区别？制定一个好的经典型战略与有效执行之间有何联系？首先，让我们来了解一下经典型战略的中心思想（见图 2–1）。

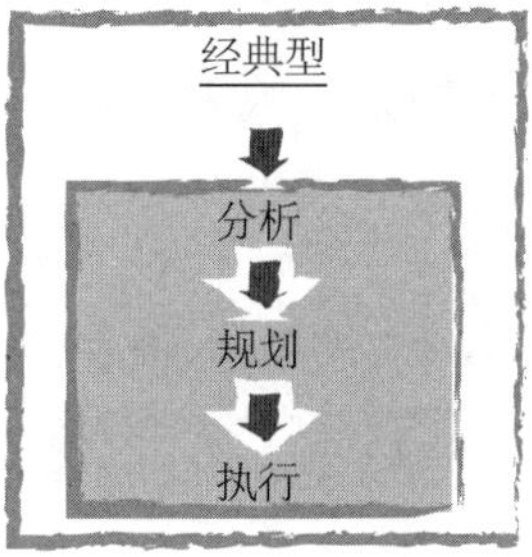

图 2–1　经典型战略

和玛氏公司的迈克尔斯一样，采取经典型战略的公司领导所面临的是一个相对稳定、可预测的行业。因此，竞争的基础也是稳定的，优势一旦获得，就会持续下去。由此可见，经典型战略的制胜法宝是可持续的竞争优势。因为经典型企业无法轻易改变其所在行业的竞争基础，它们通过努力置身于对其不仅具有吸引力且有利的市场来获取成功。这类公司的优势源于巨大的规模、差异性（或是同样在划分得更细的市场中实现规模化），或者是强大的内在能力。

如同战略调色板中的其他色彩一样，经典型战略也有其特色逻辑。经典型企业通过缜密的分析来确定市场是否具有吸引力——吸引力是在市场中竞争的基础，以及企业自身当前和潜在的竞争力，这两点能够帮助它们确定想要在市场中争取的位置并由此设定战略方向，接着制定规划来取得那个位置。这样的规划无须动辄修改，应该能够反映出所处环境未来的发展方向以及企业建立并保持优势所需采取的步骤。最后，经典型企业会彻底贯彻执行这一规划，致力于调动全企业的力量高效地向那个明确的目标进发。

继续用艺术做类比，经典型战略就好像画一幅静物画。只要你想画的景物清晰、不变地在你面前，你无须画很多幅草图或根据眼前景物的变化来修改自己的画。与此相反，你只需有条不紊地处理好每一个细节，直到完成最终的大作。

正确地运用经典型战略能够产生极大的影响力，帮助企业取得宝贵、持久的领导地位。

在稳定的环境中，规模、差异性、内在能力，即在擅长领域内做到最好，可以为企业源源不断地提供竞争优势。循序渐进的改变不会带来什么损失，因为环境是可以预测的，发展是循序渐进的，没有大的颠覆性变化。企业运营上持续的点滴进步可以汇聚成显著、稳定的竞争优势。

例如，规模变成了一项能够自我强化的优势。公司规模越大，与竞争者相比成本就越低。随着公司规模不断扩大，经验不断丰富，更低的成本可以用来降低价格、提高销量，从而形成了良性循环。波士顿咨询公司的创立者布鲁斯·亨德森（Bruce Henderson）做过这样的概括："如果企业能够早早地占据市场领先地位，并保持到增长放缓阶段，那么将获得极高的回报。人人都想在市场增长阶段获得市场份额……市场份额的增加意味着盈利的增加……这项投资的回报是极其丰厚的。"[4]

规模为何如此重要：以联合包裹服务公司（UPS）和联邦快递（FedEx）为例

21世纪早期的美国快运和包裹市场是研究经典型战略中规模优势的最佳例证。快运市场当时由UPS和FedEx两家大公司主导。与两家规模较小的竞争对手敦豪快递（DHL）和天递（TNT）相比，UPS和FedEx长时间保持低成本、高盈利的特点。[5]这两家公司之所以能够坐稳市场龙头老大的地位，是因为竞争者必须花费巨资才能赶上它们的规模。

事实上，当敦豪快递进入美国市场时，收购了本地竞争对手空运公司（Airborne Inc.），这家公司规模不大，因此敦豪在其身上投了近100亿美元。然而即使投入了这笔巨资，都不足以使这家子公司达到能与本地行业巨头开展持续竞争的规模。2008年，敦豪关闭了美国国内业务，把主要业务放在来往美国的国际运输上。[6]

对于处在经典型环境中的行业领导者来说，规模能够提供保护：因为行业稳定，他们可以在原有规模的基础上巩固优势。

你可能已经知道的事

大多数企业领导都熟悉经典型战略的制定方法。事实上，通常当企业领导提起战略时，他们所指的就是经典型战略。自从20世纪50年代末伊戈尔·安索夫提出了企业战略一词后，无论是在商界还是在商学院的课程中，这种战略一直占据着主导地位。[7]当今企业管理者常用的理念、框架和工具都是从这种经典型战略制定方法发展而来的。以下是一些广为人知的例子。

20世纪60年代，波士顿咨询公司进一步发展并传播了竞争战略理论，一开始主要面向那些在相对可预测的稳定商业环境中运营的大型生产商客户。波士顿咨询公司的创立者布鲁斯·亨德森提出了经验曲线理论，即逐步积累的经验及其所带来的整体规模，能够成为一种持续的优势来源。[8] 经验曲线是指导企业管理成本和价格以取得长期优势的重要工具。波士顿矩阵把规模优势与识别具有吸引力、高速发展的市场结合在一起，在这样的市场中，企业能够占据，且必须占据领先地位。20 世纪七八十年代，在《财富》世界 500 强企业中，多数企业都使用经验曲线来分配公司资源。[9] 理查德·罗歇根在此基础上提出了环境模型，概括说明了收入与规模之间的关系取决于优势来源的数量和大小（见图 2–2）。[10] 环境模型解释了竞争和优势在一个分化的、本地化的、稳定不变的，以及较为熟悉的基本市场中是如何发挥作用的。

波特（Porter）针对经典型战略提出了可能是迄今为止最全面、最著名的论点。[11] 他的五力模型解释了五种竞争力之间的相互作用（供应商、购买者、替代品、新进入者、同业竞争者）对行业吸引力产生了怎样的决定作用。

公司需要选择一个具有吸引力的行业，利用差异化或成本取得成功——或者利用市场地位和规模也能取得

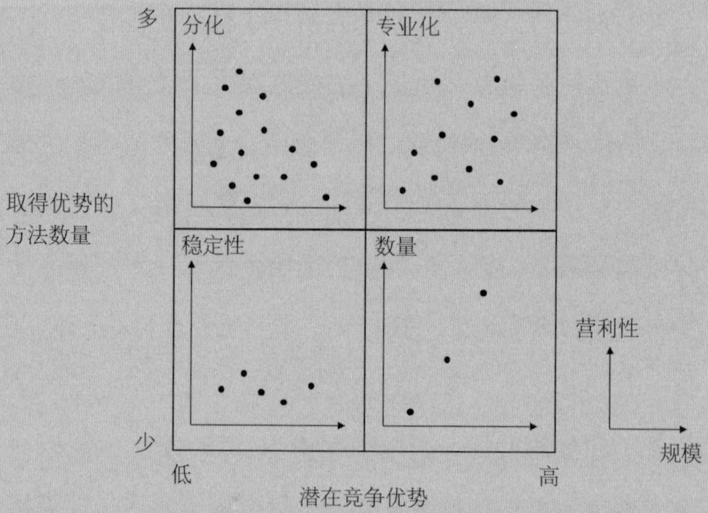

图 2–2　经典竞争优势的各种形式

同样的效果。

后来，伯格·沃纳菲尔特、杰恩·巴尼、哥·克·普拉哈拉德和加里·哈默尔专注于研究一些企业如何通过构建并利用强大的内在能力或竞争力来取得卓越的市场地位，这就是多少令人费解的企业资源基础观。[12] 能够带来优势的资源必须是宝贵、稀缺、无法效仿、不可替代的。波士顿咨询公司的菲利普·伊万斯、乔治·斯托克和舒尔曼·劳伦斯等人进一步探索了企业是如何通过构建内在能力来建立优势。[13]

不过，为什么经典型战略的制定方法能够成为主流，而且几乎无处不在呢？这是因为长久以来，这种战略方法最适合那些大公司所面临的环境。在 20 世纪下半叶的大多数时间里，大多数商业环境都是相对稳定且可以预测的——因此，分析、规划和执行理所当然地成了企业获得成功的最好方法。

什么时候采取经典型战略

在竞争基础稳固、相对稳定且可预测的市场环境中，企业应当采取经典型战略。在这种不可塑的市场中，没有突然产生颠覆性变化的危险，行业形势也是既定的。

由于存在准入壁垒以及科技与监管变化不大等原因，市场需求的潜在驱动力以及产业结构发展缓慢，在这样的情况下，市场环境很可能是稳定的。对于保险、基本消费品、汽车等一系列行业来说，最近几十年来它们所面临的环境大多都是经典型的。

战略方法的选择取决于精确地判断公司所面临的环境。哪些因素意味着企业所处的环境是经典型的？在那些发展相对完善的行业中，规模效益较高，领头公司规模变化不大，商业模式与核心技术单一，品牌强大，增长平稳。这样的行业更有可能存在于可预测但不可塑的环境中，而这种环境更适合经典型战略。相反，对于市场准入门槛低、规模效益低、行业结构松散、技术变化频率高、增长率高、规则变化日新月异的新兴行业来说，需要的则可能是不同的战略。

在家用产品行业中，由于企业能够从人口和购买力的变化中大致推测出终端用户的需求，因此经典型战略往往更加适用。在这个行业中，由于品牌强大、规模优势明显、基础技术变化有限等原因，造成市场准入门槛较高，因此竞争动态相对稳定。这类行业中的企业市场定位波动幅度小，宝洁（P&G）、联合利华（Unilever）等几家公司已经连续几十年占据行业领先地位。[14] 现在基本消费品的规模回报率与30年前比仍持平。在这样的环境下，企业可以根据自身的品牌规模和定位、竞争者的品牌规模和定位、自身在产品开发、制造、营销方面的能力，以及对市场变化前景的预测来决定产品的定位和定位方式。

在客户需求驱动力没有根本性变化的情况下，这些规划是稳定可靠的。

20世纪90年代以前，许多行业都采用的是经典型战略。虽然很多行业在此之后受到了技术发展和全球化的冲击，但经典型战略依然适用于不少行业。有些人宣称持续竞争优势和经典型战略不再有效，这种夸大其词的说法是危险的，并且具有误导性。

然而，一些长久以来较为稳定的行业确实需要采取新的战略。拿电力行业来说，在这个行业中，经典型战略的特征根深蒂固：需求随着经济的增长而增加，一切可以预测；由于市场准入门槛高、监管严格、行业结构保持稳定，即使是重大石油危机都没能从根本上改变行业竞争结构或基础。然而，随着成本价格长期波动，替代能源兴起，排放物法规不断完善，再加上日本福岛灾难之后政府对核能实施制裁，电力产业现在需要采用更具适应性的战略来弥补经典型战略的不足。[15] 例如，企业逐渐尝试实现能源多样化，推出诸如太阳能电池板之类的新科技，不断更新商业模式，增添更多类似智能家居技术的服务。[16] 同样，其他许多产业要么已经摒弃了经典型战略，要么亟须这样做。我们曾见识过经典型战略的力量，但是企业只有在仔细考察自身面临的特定商业环境之后，才能选择制定何种战略。这个决定不应当取决于其他行业的历史沿革、普及程度、一般趋势或流行的管理理念。你不能因为经典型战略在过去行之有效就认为它在今天仍然适用，但也不能因为其他行业都转向一个更具动态性的战略，就觉得经典型战略必然失效。

然而，我们依然看到人们经常会出于错误的原因而采取或是没有采取经典型战略。

你身处一个经典型商业环境中吗?

如果以下判断属实，那么你面对的就是经典型商业环境：

√行业结构稳定；

√行业竞争基础稳定；

√行业发展前景可以预测；

√行业可塑性低；

√行业增长平稳持续；

√行业集中度高；

√行业成熟；

√行业基于稳定的技术；

√行业监管环境稳定。

经典型战略的应用：制定战略

杰克·韦尔奇曾经说过："在现实生活中，战略其实非常简单。只要选定一个方向，然后尽全力贯彻执行即可。"[17] 战略真的像韦尔奇说的那样简单吗？让我们检验一下经典型战略的实践情况就知道了。

我们通常认为，战略由规划者通过脑力劳动制定，再交予其他人执行。非常不幸的是，想法（制定战略）和行动是分割开来的。除非执行效率很高，否则战略不可能取得成功。我们会看到在战略制定和执行之间存在紧密的联系，而且这种联系取决于制定战略的方法。我们将在下文中进一步了解不同方法的制定步骤以及每个步骤之间的联系。

昆泰医药公司（Quintiles）如何制定战略

药品的研发工作需要花费数年之久——先要进行临床前的各项工作，再进行临床试验，最后才能生产出产品。因此，对于为医药公司提供药品开发服务的全世界最大的临床研究机构昆泰公司来说，其所处的行业是十分利于规划的。[18]

“我们之所以能够采取经典型战略，正是因为我们所面对的商业环境是可以预测的。”昆泰公司首席执行官汤姆·派克说，“我们多少能够了解生物医药公司往后几年的运营情况。虽然药物在试验阶段失败会带来一些变化，但我们可以通过规划来控制这样的风险。外包关系也比较尴尬，因为我们的客户不愿意有太多变化，因为我们双方都为构建长期合作伙伴关系投入了大量人力、物力。”

为了制定规划（通常以一份正式文件的形式呈现），派克每年都会主持年度规划议程。自从派克于2012年出任昆泰公司首席执行官以来，他鼓励公司采取一种更加系统化且更具前瞻性的规划制定方法，采用了“一只脚踩现在，一只脚跨未来”的战略。派克强化了效率、规划、负责等经典型原则，为公司在飞速发展的同时取得持久的成功打下了坚实的基础。他解释说，制定规划的目的是“协助公司扩大规模和发展业务组合，由此我们可以在不同用途、客户、地域等方面扩大业务规模并取得多样性的优势。昆泰拥有庞大的资产和竞争优势，例如我们的员工遍及全球，我们的工艺技术成熟，科学治疗知识丰富，定量分析专业技能完备。我们着眼于如何最大限度地调动这些公司的内在能力来满足客户的需求。我们公司的规模让我们有能力比竞争对手更快地进行投资，并保持领先地位”。战略规划抓住不断增多的机会，派克说：“我们的主要业务开展得有条不紊，所以现在问题在于如何百尺竿头，更进一步。”

除了强化现有优势资源，派克还鼓励昆泰的高级管理人员展望未来，思考行业发展对客户的影响。基因组、大数据、个性化医疗、以价值为导向的医疗以及其他趋势之间的相互融合正在推动医疗行业不断加速变化。从这个角度来看，将来或许需要一个更具适应性且更加可塑的战略，而且还须逐渐加强对信息、合作及创新的关注。派克关注医疗相关领域不断变化的需求，只要公司有能力支持，他便会抓住这样的机遇。他承认："一个目标明确、负责任的公司会在抓住机遇的同时维持自身的实力。"派克开始把这些新理念添加到经典型战略之中。

制定经典型战略分为两步：一是分析市场吸引力、竞争基础以及公司竞争力；二是制定规划（预测上述因素、明确目标定位、制定达到目标所需的步骤）。

听起来很熟悉？理应如此。在调查中，我们发现在采用经典型战略的公司中，有将近90%做出了翔实的预测，有80%将这些预测转化成长期规划。但风险也就在这里——太过熟悉可能会滋生怠慢，那么战略制定过程就可能变得机械化、程式化，或是过于复杂化。深入思考很容易被按部就班或投机取巧所取代。要想制定有力的规划，并产生实实在在的影响，企业在制定经典型战略的过程中应该使用熟悉的工具，以产生全新的、闻所未闻的、令人不自在的、意料之外的想法，这样才能超越竞争对手。

企业在制定规划的过程中可能会遇到不适、意外或是与往年不一致的现象，而这恰恰有可能代表了一个出色的战略规划流程。换言之，就像玛氏公司的例子所展现的那样，清晰的程序无法取代清楚的思考。

分析

市场吸引力：企业的定位

鉴于经典型战略的目标是在既定市场中确定一个具有吸引力的定位，那么成功的第一步就是准确定位具有吸引力的市场。这一步决定了企业在市场中应处的位置，以及企业在市场中不应处的位置——这一点同样至关重要。就像波特所写的那样："战略要求你在竞争时有所权衡，即选择不要做什么。"[19]这句话或许听起来微不足道，或是过于浅显。然而，公司需要经过仔细考量才能确定其市场，再把市场细分为合适的板块，并界定每个板块的吸引力有多大。企业应当避免对熟悉但却可能没有吸引力的市场紧抓不放，或是对陌生但具有吸引力的市场置之不理。企业忽视选择而盲目追求增长是最不明智的做法，因为增长本身并不是战略。

要确定自身定位，企业需要采取一些必要的步骤。首先，摸清市场状况，用审视的眼光来看待现有市场的边界。对行业开展深入分析可能会带来惊人的发现，而这样的发现会对公司的战略方向产生立竿见影的影响。例如，德国铁路运输公司

（Deutsche Bahn）现在之所以能够更有效地与航空公司开展竞争，是因为它正确地将其所在的市场重新定位成包含高铁和短途航空的中途旅行市场。[20]

接下来，企业需要识别并了解细分市场的情况。许多公司会根据易得的数据、现有的产品种类、子公司和人口分布等因素原封不动地选择细分市场，但企业只有通过详尽深入的分析才能真正了解需求背后的驱动力以及竞争范围。例如，跨国酒类公司帝亚吉欧（Diageo）根据消费场合，而非根据业务部门或人口分布来划分客户。该公司将消费场合分为多人参与的高消耗（例如，聚会和夜总会）场合、低消耗场合或个人消费。

这样的细分让帝亚吉欧能够更加准确有效地定位其品牌。例如，其上乘的威士忌品牌主要面向低消耗的社会场合或是个人消费，而像皇冠伏特加这样的品牌则针对高消耗的社会场合。[21]

最后一步就是客观评价哪个细分市场更有吸引力。企业既要着眼于整体，同时也要具有前瞻性，必须将指标（如利润、增长）和定性因素（如准入壁垒、竞争程度、供应商、客户的竞价能力）结合在一起进行分析。应避免受到那些任由企业摆布的数据影响，也不要收集那些有关企业所在细分市场的重复信息，否则企业就会有止步不前的危险。

华为的市场定位

世界领先的通信设备公司华为，通过做出一系列谨慎的市场定位选择，在年收入约400亿美元的基础上保持继续稳定增长。[22]根据华为技术公司的轮值首席执行官郭平的说法，企业战略“毋庸置疑就是寻找定位”。华为一开始寻求在中国的乡村市场取得主导地位，因为在那里来自大企业的竞争较少。之后，随着华为日益壮大，它开始打入增长迅速但更具竞争力的中国城市中心。直到公司足够强大，华为才开始拓展海外市场——一开始打入像巴西、俄罗斯、泰国这样的新兴市场，最后才进军像英国、法国、加拿大这样的第一世界国家。[23]郭平解释说：“我们依赖于规模，所以在进入发达市场之前，我们先打入庞大而竞争小的市场。”运用同样的原则，华为首先将力量集中在通信设备，为类似沃达丰（Vodafone）、英国电信（British Telcom）、T-Mobile（一家跨国移动电话运营商）、加拿大贝尔这样的大型电信公司提供服务。[24]

直到最近，华为才开始进军消费品市场，为一些未得到充分发展的市场提供手机，因为在那里华为可以占据主导地位。这样的市场不仅包括中国，还包括非洲的几个国家。[25]

竞争基础：如何定位

在任何一个既定的经典型市场，优势都来源于以下三个资源之一：规模、差异化或强大的内在能力。某个市场对某个群体来说具有吸引力，是否就意味着对你也具有吸引力？你的公司面对的市场吸引力取决于市场竞争基础和你的公司在那个市场的竞争力之间的关系。因此，你需要先确定竞争基础是什么。

要了解竞争基础，得先看看市场上所有公司的市场份额与利润之间的关系，这一关系会帮助你了解市场的游戏规则。如果两者之间高度正相关，那么该市场可能就是由份额（或是规模）驱动的。如果两者并非正相关，那么专业领域的差异性，或者具有地域限制的分散市场在当地的规模都会对市场造成负面影响。最差的情况就是，市场停滞不前，产品高度商品化且退出成本很高。在这种情况下，市场对谁来说都不具有吸引力（见图 2–2）。

规模市场、分散市场、专业化市场都可以赚钱，因此表面上看起来很吸引人。然而，在不同类型的市场中取胜需要不同的方法。企业需要了解利润是怎么产生的，从而决定在市场中打拼能不能赢。

竞争定位：如何成功

在定位分析的最后阶段，企业会确定与竞争对手相比自己具备哪些潜在竞争优势。换言之，你决定公司怎样通过规模、差异化或是内在能力来开展竞争。如果公司已经占据龙头老大的市场地位，那么把重点放在规模上。如果公司排不上行业前三，那么即使投入巨资抢占市场份额，成功依然无比艰难。瘦狗有时的确会取得成功，例如趁竞争对手没有防备之时发动攻势。但是布鲁斯·亨德森却提倡卖掉那些“宠物”，即在增长缓慢的市场里所占份额较低的业务。他表示，一个稳定且具有竞争力的行业趋向于朝着一个最终状态发展：在这个最终状态中，只有三个主要的企业能获利。[26]通用电气公司的杰克·韦尔奇设定的标准更高，他坚持要求通用必须在行业保持第一或第二的地位。[27]

为了保持以规模为基础的竞争优势，公司应该拼命保住市场份额。然而，为了规模效应而扩大规模是一个值得商榷的方法，因为规模带来的持续优势并不是既得的。如果企业没有通过努力提高效率来积极探索规模带来的潜在优势，那么规模最大的企业并不总能够实现低成本。亨德森说：“与规模扩大同时产生的直接或间接的成本降低，并非自然生成。关键取决于竞争管理机制，管理者会在扩大规模的同时寻求把成本压下来。从这个角度来讲，规模和成本之间的关系是常态而非必然。”[28]

如果没有规模优势，那么差异化也是很好的选择，特别是当作为目标的利基市场具有一定规模，而且公司的产品足够独特，能够避免来自主要低成本企业的竞争时尤其如此。成功的差异化战略能够帮助企业在利基市场为客户提供足够有价值且独特的产品。独特性从其本意上说并不意味着新颖，因为某些附加的元素并非人们真正所需，而且会使产品变得更加复杂、成本更高。独特性意味着针对客户的某个偏好，对产品做出别具匠心、富有价值的处理。利基市场中的企业必须善于发现、区分并妥善处理这些潜在的细分市场需求。例如，户外服装公司专门为那些户外运动爱好者生产具备独特功能的服装，因此它们可以在竞争激烈的时尚和服装业与对手一较高下。

最后，就算企业没有规模优势，难以实现差异化，有时也能取得成功——专注构建并发展更强大的内在能力是它们的制胜法宝，而这样的能力对各个市场的客户来说都非常宝贵。

内在能力应当难以被取代（无法模仿、不可替代）、意义深远、具有差异性（稀少）、与客户息息相关（有价值）。雷富礼领导下的宝洁公司就是以内在能力为基础制定战略的最好例证。宝洁公司在不太熟悉的产品领域（如空气清新剂、剃须刀等），为了获取有利的市场地位，通过在营销和供应链管理方面合理分配核心实力的方法，最终实现了持续多年的高增长。[29]

马恒达：靠定位取胜

印度的马恒达集团（Mahindra）是一家市值167亿美元的多元化国际企业。该企业拥有18个部门，通过强有力地执行注重规模与定位的经典型战略寻求竞争优势。[30]在一些业务领域（如拖拉机制造），马恒达在整个世界范围内是毋庸置疑的领跑者，并由此占尽规模优势。但对于其他业务，该公司通过专业化和利基市场定位取胜。集团主席阿南德·马恒达解释道："对于公司如何在市场上运作，我们的观点并非一成不变。我们想要在细分市场中领先，但问题是，'如何定义你所谓的细分市场？'"

例如，在其汽车业务以及其他许多业务领域，马恒达集团采用利基战略，在一个界定明确的细分市场领跑。马恒达主席告诉我们："我们是印度第二大汽车制造商，但在全球范围内，我们仍是无名小辈。所以，在交通工具业务方面，我们在全球市场上只做运动型多功能汽车

（SUV）和越野车，我们以此实现差异化，并通过承接交通工具领域的各项后端业务来扩大规模。”同样的，关于信息技术业务，马恒达表示：“我们并不追求绝对的规模：我们想要找到3~4个我们能够占据领先地位的垂直市场（如电信市场），然后在这些垂直市场取得成功。”

规划

马恒达：规划与挑战

马恒达制定规划的方法以竞争为基础，别出心裁，分为多个步骤。这种方式使得该公司得以制定出健全、详尽的规划及预算方案，从而有助于其每个业务部门实施战略。从较早成立的拖拉机业务部门，到新设的物流业务部门，18个部门全部参与集团年度规划。首先，10月份每个部门都会进入“战略作战室”研讨。部门领导层提出战略建议，而作为内部顾问的“马恒达战略团”则扮演竞争对手，并提出11个问题作为考验。之后，在当月晚些时候的蓝筹股集会上，马恒达排名前500位的经理通过对未来趋势、主题、挑战进行预测来刺激并推动战略制定的进程。接着，2 月份每个部门都会进入“预算作战室”，中心领导层与部门管理层设定指标和阶段，并以此开发平衡积分卡。阿南德 · 马恒达强调透明度和责任心：“我们深度探讨规划中的每一个细节，甚至在车间里都能看出年度经营规划对其产生的影响。”最后，在“运营作战室”中，领导层全年都能检查业务部门对预算和规划的执行情况。

重要的是，该公司发现了业务的不同，并采用多种方法应对这些差异。具体来说，基于业务生命周期的不同阶段，马恒达会修改规划方案。对那些更易预测、更加成熟的业务，规划可能相对固定。但在更新的领域，公司会着重于根据学习积累，更加频繁地改进规划。通过运用内部风险模型，其他新业务的管理变得更加自主。在接下来有关适应型战略和双元性创新的章节中，我们将进一步探讨这些不同的战略制定方法。

利用市场和竞争分析，企业可以通过预测情况变化，设置战略方向和目标，树立志向，并制定详细的行动规划以实现目标。企业可以将规划分解成一连串需要达成的阶段性目标。由

于绝大多数管理者可能或自认为对经典型战略非常熟悉，所以我们会重点讨论哪些因素能够增加或减少这套无处不在的规划方案的有效性。

制定战略方向

规划过程普遍趋于复杂、程式化、低效。一份完备的规划不应仅限于作为年度预算的前奏——仅仅只是确定和微调上一年的计划。与此相反，规划应力求深入，针对业务细节进行定制，并根据环境的改变灵活调整。

成功的经典型企业不会让短期绩效成为规划重点。欠妥的规划过程让公司管理层关注并致力于短期目标，而忽略整体的、长远的方向。与此相反，经过细心规划的短期目标和承诺自然而然地与长期观点并行不悖、融为一体。

从马恒达的例子我们看到，挑战是战略规划得以成功的关键，它能够确保出现截然不同的新观点，并且这些观点能够被接纳。因此，活跃的讨论和珍视挑战的文化是企业取得成功的基本要素。僵化的模板和常规的程序不能替代这些现实的挑战机会，过程的复杂性也不应排挤或削弱这些机会。

规划过程不应被默认为一个固定的年度周期或 3~5 年的发展规划，而应当反映出公司的特定环境和变化速度。以石化巨头壳牌公司的规划方法为例，该公司雇用了预测专家团队来提前做出未来80年的规划。公司主席奥利拉 · 乔曼解释道："我们自然会密切关注短期的经济状况,但是我们以长期、战略的眼光看待公司的发展。"[31] 然而，哪怕壳牌迅速更新其规划，也难敌情况发生翻天覆地的变化，比如2013年在北极和页岩勘探天然气遇到的困难。正如其2012年的可持续发展报告所言："我们将这些事件的教训纳入我们的未来规划之中。"[32]

规划的主要价值在于它预先设定好了可获取竞争优势的路径。但正如下面迈兰公司的例证所示，规划也可以作为良好的基础来管理两个主要方面的不确定性。首先，通过认识和构建可规划部分，规划为管理层关注业务的不可预测性和动态元素创造了更大空间。其次，通过在战略规划中进行假设和深入思考，管理层能够有效应对意料之外的情况。此类紧急战略甚至可能与规划相悖，即使规划是通过反复推敲而得出。

迈兰：严谨的规划

美国制药公司迈兰规划严谨却不僵化。[33] 2007年，该公司的年收入为16亿美元,主要经营范围在美国境内。现今，它是世界最大的通用名药物及特色药物供应商,年收入达69亿美元。迈兰公司通过医疗保健行业相对渐进、可以预测、以人口为基础的增长模式以及医疗保健服务提供方式的变化积累资本。迈兰公司执行总裁希瑟·布雷施解释说："尽管我们所处的行业存在与生俱来的波动性，但制定高质量的战略规划依然是可行的，而且十分重要。这种特征不仅让我们能够制定规划，而且让我们能够做好准备应对各种情况。"

基于深入的市场分析而建立起来的严谨的战略规划是迈兰成功的关键。这样的规划旨在把已知机遇最大化的同时，发现新机遇，避免因为习惯而仪式化地做同一件事情。"我们把严谨带入战略制定过程，允许各类业务的管理者和他们的主要合作伙伴以提供详细分析和建议的方式展开讨论。"布雷施说，"然而，我们鼓励在整个团队中展开积极对话和彻底检查，以审视公司的发展现状及传统做事方式。这样的规划步骤使我们更加清楚地了解自己所做事情的本质和原因；清晰地定义了每个人在规划中所扮演的角色、所承担的责任以及同特定结果的关联。"

迈兰公司不仅制定为期五年的战略规划，而且制定为期一年的预算规划，用以保护和发展其核心业务。该公司在探索未来增长的驱动力并努力将其变为现实的同时，为长期可持续性发展准备必要的改革方案。

布雷施认为坚持制定严谨的规划具备诸多好

处——但只有在规划执行过程足够灵活、不对公司开拓思维产生束缚的情况下，这样的好处才能显现。布雷施说："严谨带给我们稳定，稳定带给我们灵活性。"

在行动规划中把方向和目标串起来

光有明确的目标是不够的——规划还应包括如何达成这个目标。规划为战略执行服务，通过创建阶段性目标和标准来细化公司需要达成的目标以及达成这些目标所要采取的行动。

良好的、具有操作性的规划同样关乎公司战略举措的整体方向。这样的规划能够确保珍贵的资源只分配给具备经济吸引力且符合公司发展方向的项目。通常，初期的资产盈亏和战略规划关系不大。换句话说，良好的规划是指明到达胜利终点最短路径的地图，是让全体员工团结起来向目标进发的方法，在前进途中还设置了许多检查站。

稳定环境下的模拟战略

在稳定的环境中，管理者只需判断何种战略是最好的选择并制定相应的规划即可。这个过程通常需要一段时间来分析、探索所有已知的选项，并花上较长时间对其进行优化和开发利用。

我们对稳定的环境中不同战略的表现情况进行了模拟，经典型战略成绩斐然。你花费一点时间，对战略选择进行探索或分析，直到确定找到最好的选择。探索初期所需要的具体时间主要取决于选项数量以及它们之间的差异度。

一旦找到了正确选择，你应该做好规划，在可预见的未来好好利用这个战略。在一个稳定的环境中，假若最优战略选择没有带来实质性的变化，那么更多的探索就是种浪费（见图 2–3）。代表经典型战略的柠檬水摊例子意在

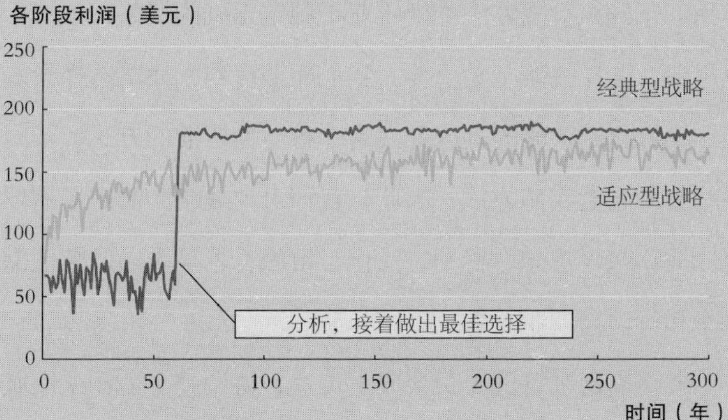

图 2–3　在稳定的环境下经典型战略表现良好（模拟）

资料来源：波士顿咨询公司战略智库MAB模拟机制

注：在非竞争性环境中，30 个投资选择，平均结果超过 30 组模拟实验。

寻找吸引最多客户的位置，在那里设摊，并长久待下去，同时优化运营模式，从而在那个位置实现规模优势。

经典型战略的应用：实施战略

每一种战略都反映了战略制定和执行之间——或者说思考与行动之间——重要且独特的关系，因而成功执行战略需要一系列不同的条件。这些条件在经典型战略中可能看似清晰且熟悉，但值得深入探索。因为：第一，许多受访的首席执行官告诉我们正确执行战略的难度不亚于制定正确的战略；第二，慎重思考，选择战略至关重要。我们能够看到，战略选择天差地别。换言之，战略的实施并没有一种与世皆准的方式，不同的战略有不同的实施方法。因此，我们对“战略”的定义需要扩展，战略包含思想、行动、文化、组织、领导力以及其他需要思想和行动的商业元素。

战略需通过管理委员会向下传达，协调整个公司采取联合行动才能创造实效。这种战略信息的扩散在经典型战略中尤为必要，因为尽管规划（通常由企业高层构思）十分重要，但优势和价值是企业基层通过执行实现的。因此，企业从信息管理到文化的每一个层面应齐心协力，努力让规划得到较好的传达。

信息传达

在经典型战略中，信息传达扮演着一个关键、突出的角色：它传达分析结果和规划流程，让公司能够对执行情况进行追踪。丰富的竞争信息和市场信息、高效的分析和业绩追踪能够在争取竞争优势的过程中产生决定性作用。通过更好地管理信息，经典型企业能够比竞争对手制定出更好的规划，更快地应对竞争动态的改变，更加有效地执行规划。

成功的经典型企业会挖掘新的信息来源，或以新的角度看待现有信息，从而获得新的见解来推进规划。举个例子，英国含酒精饮料跨国公司帝亚吉欧通过进行很多不同时期的市场研究来深入理解客户需求、人口和购买模式的发展情况。该公司在提高分析能力上下足功夫，如建立客户协作中心，通过最尖端的技术将客户、零售商和分销商的想法汇集起来，形成一个综合性的视角。[34]

经典型企业亦可凭借高效的业绩追踪获得优势。正如管理学大师彼得·德鲁克说过："评估带来进步。"[35]有效的业绩评估通过关键绩效指标将高层战略规划和每一个层面上个体员工的主动性联结起来，为更大的目标团结奋斗。透明的业绩追踪提高了员工的责任心，在规划偏离轨道时提供预警信号，并指出何时何地需要干预或是方案需要重审。

然而，有的企业过于信任复杂的标准化报告，而不致力于监控异常情况，这些异常情况可能致使企业偏离规划，从而大大增加工作量，或重新调整战略方向。

宝洁公司主要销售可以预测的、市场稳定的家居用品，如洗衣液、牙膏等。该公司是运用经过优化的绩效追踪手段，并从中获益的企业典范。在 20 世纪 80 年代末 90 年代初，该企业实施了一种全新的存货追踪系统，能够监控整个价值链中的库存情况。根据这些优化了的信息，宝洁公司减少了库存量和账单错误，能够先发制人地发现并解决潜在供应链效率低下的问题。除此之外，更重要的是宝洁公司从更加全面的视角分析销售模式，通过促销手段、季节性特点、客户喜好等因素调整货运量，从而达到减少零售商库存告罄等问题。优化信息管理模式使得宝洁公司的产品市场占有率上升了 4 个百分点。[36]

创新

在经典型战略中，创新是一个典型的偶然发生、逐渐加深、日积月累的过程。创新帮助企业逐渐认识到规模、差异化、内在能力这三个制定规划主要因素的潜在优势。经典型创新与愿景型战略中的颠覆性创新或适应型战略中连续不断的试验大为不同。因为经典型企业的创新能够让已知的、不变的优势以及线性或缓慢的发展状态得到改善，从而设定清晰的最终目标以及准确的阶段性目标。因为在上面那样的情况之下，创新的过程会受到限制，变得毫无益处。

经典型企业需要根据运营成本大力推进创新过程，应当以创新的期望回报来指导决策。经典型企业通常会在低增长的现金牛业务上过多地投资，从而牺牲了在回报更丰厚，但对其增长情况不够熟悉的业务或需要创新的新业务上投资的资本。有一些最常见的经典型工具——如波士顿矩阵——就是针对面对潜力不同、发展阶段不同的机会，合理分配资源而量身定做的。

组织形式

由于经典型战略的优势来源相对静止，所以企业组织需重复将某个方面做好。因此，经典型组织形式的设计原则是专门化、授权化（将工作进行细分）、标准化，以此支持深度内在能力建设。标准化的操作过程、高度自上而下的监督、过程变化尽量减少、关注细节等都是经典型组织形式的重要组成部分。对于所有大型企业来说，这好像是理所当然的，但我们会发现，对适应型或塑造型战略的要求事实上是完全不同的，因为在这两种战略中，企业需要朝着未知或不断变化的终点持续地进行实验。我们认为，良好的组织形式的共性取决于所采取的战略。

经典型组织形式通常会展现高度的专业化，企业员工能够逐步积累专业知识。通过这种方式，企业从各个业务的潜在经验曲线中获益。培训和技能训练往往聚焦于增强和巩固员工在公司和职能等特定领域的专业知识，从而使他们更好地做好现有的工作。

对于经典型企业来说，细节决定战败，因为忽视增加成本效率的机遇会在一段时间以后发展为竞争劣势。经典型企业因而会注重规范和结构，从而保证战略的实施完美且有效。因此，经典型企业通常层级分明，操作流程清晰。这样的企业通过增强标准化，减少多样化来降低成本，经常还辅之以公司内外的基准测试。

执行不力的经典型组织形式可能会受到以下问题所带来的不利影响——保守、拉帮结派、横向交流不力、缺少合作、死板、组织过于复杂等问题。不论是经典型组织形式还是其他组织形式，没有一种组织形式在不利影响过于凸显的情况下能够有效地运营。因此，企业领导需要近距离监督并找出这些潜在的不利影响。

昆泰公司的组织形式

昆泰公司是通过经典型组织形式把一项已知工作做好的典范。就像该公司的首席执行官汤姆·派克向我们解释的那样，昆泰公司以行动为导向，专注于“做”，不断地将员工与工序中孕育的知识和见解提炼并重新运用到组织形式中去。

昆泰要求其遍及全球100多个国家的2 9000名员工在本职岗位上做到卓越。[37]该公司提供大量的培训机会，让员工把工作做专，因为公司最终的财富来源于员工是否有能力“持续、无瑕疵、高效地工作”。派克解释昆泰要的就是专业技能，“我们需要能够让工业流程运作的人；需要能够管理数据、进行高级分析的人；还需要科学、医疗方面的专家。”

为了避免经典型组织形式的常见病——死板，昆泰公司有时候会采用杰克·韦尔奇所提出的“管理训练”，召开高强度的直面问题会议，把被压着的问题提上台面，从而快速解决。[38]派克若有所思地说：“其实这样想也不无道理，即杰克让他手下的管理者们一年花上25天进行‘管理训练’，目的仅仅是消除官僚作风。”

文化

因为经典型企业需要支持追求与静态优势相关的卓越状态，故企业文化必须是规范的、集中的、带有分析性的、追求达成目标的、负责任的。经典型文化反映了行动者的思想：对系统的大力追求并实现已知目标，然后给予回报，反映了强烈的对单个目的的分享概念。

经典型文化注重分析并以目标为导向；尊重规划并一以贯之地执行规划。如玛氏公司别开生面地在公司内部实现透明化。该公司在总部装有巨大的平面显示器，上面实时显示公司的财务、销售、盈利、资金流、工厂效率等数据。公开这些数据的目的在于激励员工，因为员工的奖金部分取决于其所在部门的运作情况。这样的激励方式似乎颇有成效——玛氏公司的人员更替率很低，只有 5%。[39]

经典型企业有时候看上去很不人性化，而且官僚作风严重。但是，像玛氏那样的公司成功地营造了一种企业文化，能够激励员工协同合作，以目的明确、团结合作、回报丰硕的方式朝着一个确定的目标努力。在这样的企业里，目标不会变化，重点十分清晰，因此员工能够集中精力把工作做好。经典型企业文化通常会发现并珍惜能够对完成大目标起到作用的小增长。因此，完善的经典型企业文化能够塑造一种工作环境，这样的工作环境为员工个人成功提供许多机会，并且能够让员工对公司的目标有一种贡献感和归属感。

辉瑞公司的企业文化

伊恩·里德作为世界领先的创新生物医药公司辉瑞的首席执行官，曾说过辉瑞的最大不同点在于具有协同合作的企业文化。[40] 在经典型商业领域，许多同类公司相互竞争。“实现规模确实让人舒坦，”里德指出了经典型战略中的一个主要因素，“但是竞争的关键武器不是规模，而是文化。”他继续说道：“我们所有的竞争对手都有优秀的人才，丰厚的资金。只有拥有更好的企业文化，让人才来我们公司，并且将技术也一并带来，才能让我们公司脱颖而出。”

辉瑞在公司内部推行一种全面的、立足于公司（而非个人）的业绩视角，便于研发人员终止那些已经投入了大量精力和时间，但是成功回报不足以达到继续投资标准的项目。这样的企业文化基于规章制度、责任心、清晰度以及集中度。并且根据里德的说法，这样的企业文化对辉瑞近期的运营情况贡献颇丰。辉瑞公司的市场总值在2010—2014年初这段时间内几乎翻了一番。[41]

领导力

专注，即朝着清晰且不变的目标和道路前进，在经典型企业组织和文化中无处不在。而且，在经典型企业里，专注无疑来自企业高层。领导层需要设定高层目标，并且弄清在何处、凭借何种方式获胜，监督详细规划的进展，并且以极高的关注度鼓励促成该规划。同时，企业领导还需退后一步检验这种高度的关注在执行和效率方面是否会因为太过专注而导致事倍功半。

首席执行官在避免让战略流于形式这一点上扮演了重要角色。经典型企业领导必须站在最前线，激励企业从新的角度审视所在市场，从而形成新思维。他们有眼界，也有判断力，会质疑长久不变的假设、现有的市场定义，以及是否对唾手可得的信息过分依赖。

在规划周期中，作为公司领导，必须从万米高空俯视战略，而非待在谷底被短期的盈利所迷惑，必须保证麾下的管理层制定并致力于长期、协调的规划。通常，制定这样的规划需要努力说服公司做出艰难的选择，因为最佳的长期决策可能与公司短期运营状况并不一致。

一旦规划出台，经典型企业领导会将注意力放到细节以及执行上。他们要确保全公司一以贯之地执行规划，并对规划怀有敬畏之心，直到/除非出现新情况来更新规划。

最后，企业领导需防止“专注”成为一种障碍，阻碍企业实现必要的改变。一个把注意力集中在确定的目标和方式的企业可能无法发现并应对来自企业外部的变化，职能孤岛可能反映的只是本部门而非整个公司的状况，从而妨碍了整个公司做出改变。企业领导可以跳出公司，以局外人的视角看问题，保证企业能够在需要的时候做出相应改变来防止上述情况发生。

沃尔玛的领航者：山姆·沃尔顿

作为沃尔玛的创始人，山姆·沃尔顿的领导特点是鼓励员工关注改变、包容改变：他热衷于挑战自己或是他人对于零售业的观点，并且他对于细节一丝不苟。他是如此一丝不苟，以至于曾经被圣保罗一家杂货店赶出了店门，因为当地警察发现他趴在地上测量竞争对手过道的宽度。[42] 你见过趴在超市过道上的首席执行官吗？这种对挑战自己企业商业模式疯狂的关注，同时不懈追求发展规模，使得沃尔玛实现了一系列的创新，从而保护并提高了旗下零售商在市场上的竞争地位。

技巧与陷阱

正如前文所提到的，以分析的眼光确定具有竞争优势的市场定位、制定达到这一目标的规划，并且建立能够严格执行规划的组织形式是成功的经典型战略的基本要素。毋庸置疑，实践这三大要素至关重要。

我们的研究表明，企业领导发觉他们所处的商业环境是可预测且可塑造时，毫无疑问他们会倾向于选择经典型战略。然而，在大多数情况下，人们都高估了经典型环境的可塑性，从而使得企业领导最终选择塑造型战略。经典型的战略规划强调结果（目的）而不是方法（过程、内在能力），注重精确而非速度，这些都是普遍且根深蒂固的观点，以至于在实施过程中往往置实际或是已知的商业环境而不顾。

您的行动是否符合经典型战略?

如果您的行动符合以下几条，那么您就在使用经典型战略：

√ 对公司市场地位有谨慎明确的了解；

√ 分析市场和细分市场的吸引力；

√ 分析竞争基础；

√ 分析公司竞争力；
√ 确定公司基于规模以及差异化或内在能力的最佳定位；
√ 预测市场发展；
√ 确定明确的短期和长期目标；
√ 制定长期稳定的规划；
√ 构建翔实的阶段性目标和业绩衡量标准；
√ 一丝不苟地执行。

我们还注意到，受访企业领导有时会倾向于在经典型环境中采用适应型方式，尽管这种方式可能并不会在公司的实践中得到反映。不合时宜地采用适应型战略，可能是受到现金管理类图书流行的适应型观点的影响。很明显，即使是最广为人知的经典型战略，依然有很多时候是被误解或误用的。

表 2–1 提供了一些实践技巧供您参考，除此之外还提供了一些尝试实施经典型战略时需要避免的常见陷阱。

表 2–1 技巧和陷阱：决定经典型战略成败的关键因素

技巧	陷阱
• 接受意外：寻求新颖、不熟悉的见解——尽管这可能会让你感到多少有些不安和意外，但它会让你超越竞争对手。 • 做艰难的抉择：运用预测能力，为企业选择最佳战略定位。战略不仅要确定企业在市场中应处的位置，还要确定企业在市场中不应处的位置。 • 设定合理的周期：使公司规划周期与行业相一致，当出现新的见解时，对规划进行调整。一年一次，一年三次，还是两年一次？谨慎地做出选择。 • 争做前三：若贵公司寻求以规模为基础的市场定位而一开始所占市场份额很小的话，那么持续创造价值将会很困难。 • 追求经验曲线：成本降低不是自然而然的，应该在销售量增长时主动出击，降低成本。 • 实现有意义的差异化：根据对客户有益且难以模仿的内在能力来实现差异化，而非根据唾手可得的内在能力实现差异化。 • 谨慎创新：在做有关资源分配创新的决定时要谨慎，就像管理支出时那样。	• 形式化：有些公司为了追求形式而采用经典型战略工具和复杂的规划步骤。在执行过程中对于缺乏见解和出乎意料的情况视而不见。 • 以预算取代战略：规划过程中把重点集中在短期指标和预算上——一项糟糕的战略规划会使企业领导者把注意力和精力放在短期目标上，而不对业务做连贯一致的长远打算。 • 一成不变：如果“总是这样”取代了“应该这样”，那么这必将让你陷入战略困境。使用经典型战略并不意味着不做改变。 • 以贪图省事的方式划分市场：根据已知和现存的分类——如当前的公司业务划分——来划分市场，而不是努力做出更加深入的分析。这种做法无法对客户需求产生深入了解。 • 死板的规划周期：如果所处行业周期变短，而依然固守制定年度规划；或者你根据华尔街行情，而非企业本身来制定规划，那么你并没有成功地对企业做出调整使其适应特定的环境。 • 依靠长期优势：仅依靠现有的优势资源有时可能会造成问题。虽然递增效应是经典型战略的内在属性，但时不时飞跃一下也是需要的。 • 默认经典型战略：许多公司之所以宣称运用或实施经典型战略，是因为这是其最熟悉的战略。不要让熟悉与否成为你为公司选择战略的导向。 • 跟风反对经典型战略：其他公司反对使用经典型战略，要么因为受到最新的管理潮流的诱惑，要么因为经济形势存在波动和不稳定的因素。跟风可不是制定商业战略的明智做法。

适应型战略：求快

塔塔咨询服务公司：以适应求成长

塔塔咨询服务公司（TCS）是2014年印度市值最高的公司。通过不断发展小型企业创新模式、迅速应对多次科技变革等举措，该公司现已跻身最成功的科技服务公司行列。[1]这种适应型战略使塔塔咨询服务公司从一家小公司成长为服务遍及全球的龙头企业。塔塔咨询公司的收入增长速度惊人：1991年为2 000万美元；1996年为1.55亿美元；2003年为10亿美元；2014年时已经超过了130亿美元。从1981年成立印度第一家专业软件研发中心，到1985年设立印度第一家非本土开发中心，到2005年进入生物信息市场，再到2011年涉足云计算，塔塔咨询服务公司通过不断发展应对技术环境及对企业客户造成影响的诸多变化。[2]

尽管塔塔咨询服务公司规模很大，但也仅是多家涉及技术服务这一分散领域的公司之一。技术服务领域涵盖了软件解决方案及服务、咨询、工程服务及业务流程外包等方面。大多数涉及这一领域的公司所占市场份额都不足10%，因此单独一家公司不足以决定市场走向。此外，频繁的技术变革也带来了更高的不可预测性。

塔塔咨询服务公司尽管规模庞大，却是一个外向型企业，该公司因而能够抓住并驾驭变革。塔塔咨询服务公司在全球经济从实体经济到数字经济的转型过程中顺应了环境，不断发展。

陈哲在2009年当上首席执行官之前已经在塔塔咨询服务公司工作了20年，他见证了公司服务的变革历程。陈哲称："从信息技术架构角度看，我们在大型机环境下就已起步，多年后适应了客户机的环境，之后又适应了互联网环境，现在也适应了数字，或者说是超链接环境。"陈哲认为，数字技术正在从根本上以难以预测的方式影响着公司的方方面面："我们将重新构思每一个业务流程、重新规划每一种商业模式、重新安排公司的内部运营模式；我们要做的就是接触客户，了解他们对数字化的看法，并据此改变我们的服务模式。"从这点可看出塔塔咨询服务公司要同时适应技术和客户使用环境的变化。

技术和客户对变革产生了需求，于是塔塔咨询服务公司做出了快速、恰当的反应。例如，该公司认识到了早期客户的需求，并由此成立了一个专门致力于打通线上渠道的业务部门。

适应环境的需求要求整个公司各个部门从制定战略到组织运作再到创新的各个层面都应保持外向型。例如，确立方向时，塔塔咨询服务公司权衡利弊，制定了一个自上而下的模式，以应对自下而上的挑战，即核心小组提供有关各个行业垂直型关键市场信息——行业规模、发展过程及竞争、技术、需求趋势等——接着在处理各项业务的过程中，制定出最能满足客户具体需求的方案。通过这种方式，最终的战略方向会由一系列应对特定环境变化的独立方案以及每个行业部门面对的其他新情况汇聚而成。

因为未来无法规划，所以陈哲并没有选择经典型资产管理方法："我们不想看到（部门级别）的现金牛或明星……我们所要做的是为各个部门创造发展壮大的机会。"塔塔咨询服务公司进行了多次小尝试，之后根据各个尝试的成功程度，在各个部门内快速重新分配资源。这种创新方法是试验性的，且过程很快：塔塔咨询服务公司快速进行着被其称为4E模型的周期活动，即探索（Explore）、启用（Enable）、传递（Evangelize）及开拓

（Exploit）。这一模型的关键在于主动将研究成果推广到不同领域、建立雏形、进行测试、正式启动并逐渐拓展。[3] 因为从截然不同的信息源得到的大量信息对不同的、丰富的探索活动至关重要，所以塔塔咨询服务公司会重点培养其分析能力，以支持上述活动。

陈哲告诉我们“以客户为中心”是塔塔咨询服务公司创新模式的重中之重：“了解并经常预先想到客户的需求……是我们战略创新的核心，能帮助我们进行商业解决方案、服务提供方式以及服务模式的创新。”有几项创新让塔塔咨询服务公司获得了回报。例如，塔塔咨询服务公司利用Master Craft整体解决方案工具提升了软件开发程序自动化的能力，为客户提供更快、更高质量的支持。此外，Just Ask这一社交问答平台让客户可以借由自己在战略方面独立或大众的知识，促成更广泛合作，并缩短进入市场的时间。

塔塔咨询服务公司不仅在产品和服务方面进行了创新，还将创新嵌入商业的其他两个层面。在接触层面，由于每种信息技术服务项目都各有特点，公司领导层鼓励各个业务部门把参与方式当作创新点来思考。最后，陈哲还在员工个体层面培养了一种以创新为导向的试验性思维模式。陈哲解释道：“我们有30万员工，也就是说公司内部蕴含的聪明才智难以估量。”例如，塔塔咨询服务公司推出了“发掘你的潜能”（Realize Your Potential）活动，针对客户或塔塔集团的一些子公司所面临的专业问题进行比赛和编程马拉松，所有员工均可参与其中。[4]

通过建立勇于尝试的模块化组织，塔塔咨询服务公司不仅将规模做大，且相当灵活，这是一项了不起的成就。自陈哲2009年上任以来，公司员工数已经从之前的14万翻了一番。[5]陈哲说：“虽然公司规模很大，但我们不能僵化，所以我们设立了23个部门，每个部门专为一组客户服务。（这些部门）虽然拥有同样的基本组成部分，但可以实施自己的战略。我们不要等级制度，我们要的是组织网络。”塔塔咨询服务公司对重新构思公司如何运转、如何合作做出了多种尝试，如建立Vivacious Enterprise社会协作平台等，目的是在公司巨大且分散的员工群体中培养融入感。[6]当然，规模是塔塔咨询服务公司的优势——它在近50个国家开展业务、全球性大客户可与之建立可靠的合作关系，而且该公司还是仅次于美国国际商业机器公司（IBM）的纯信息技术公司。[7]但和经典型公司不同的是，塔塔咨询服务公司之所以能够成功不是因为其规模巨大，它之所以能够成功发展出如此大的规模，反而是因为其采取了适应型战略。

适应型战略：核心理念

在可塑性低且优势转瞬即逝的商业环境中，企业为了成功必须做好快速适应的准备。正如陈哲在技术服务行业转型中意识到的，通过不断调整，适应新的机会与条件，适应型战略可以促进增长，保持优势（见图 3–1）。

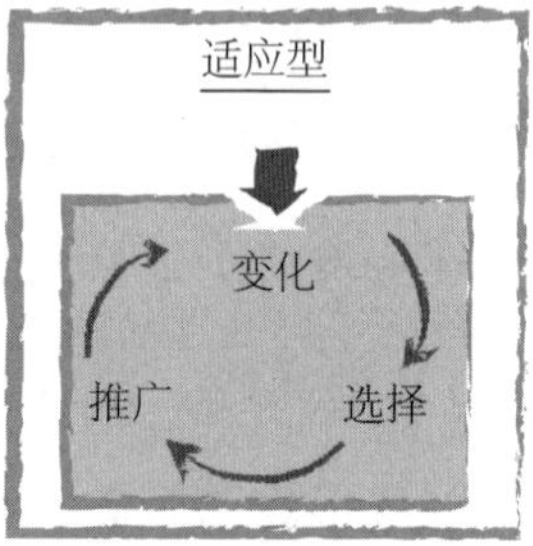

图 3–1　适应型战略

适应型战略和经典型战略一样有着自己独特的思路。采用适应型战略的公司通过寻找新选择不断变化经营方式，并从中挑选最有希望成功的方式，继而对其进行拓展，接着重复这个过程。

借用之前的艺术比喻，适应型战略就像在不断变幻的光影下画风景画。你需要将视线专注在要画的对象上，快速运笔，不断修正，直到抓住飞逝的瞬间，然后再去捕捉下一个画面。

战略并非来自分析、预测及自上而下的命令，而是产生于变化、选择、拓展这一思路的不断重复。通过比竞争对手更快速、更有效地重复这一思路，采用适应型战略的公司技压群芳，但经典型意义上可持续的竞争优势会被连续暂时性的优势取代。正如新闻集团董事长鲁伯特·默多克所言："世界处于快速变化中，以大胜小的局面不复存在，取而代之的是以快制慢。"[8]

适应型战略与经典战略有着根本的不同：它并没有将某种规划作为重点，并没有一种不变的"战略"，适应型战略的重点在于试验，而非分析或规划，优势是暂时的，且重点在于方式，而非结果。我们会在接下来几章探索这些差异及其意义，不过在此之前，让我们再来分析一个实践适应型战略的例子。

为何速度和学习至关重要：飒拉（Zara）

西班牙时装零售品牌Zara是在极难预测的行业中积极适应的典范。[9]新一季到来之前，时装零售商很难预测黑色是否依然流行或者其他颜色是否会成为流行色。实际上，就算在当季，客户的喜好也会经常变化。以往大多数零售商依靠预测决定客户想要穿的服装。可大多数零售商都会出现预测错误的情况，从而承担严重后果——每年至少要将其多达一半的库存做半价抛售。

Zara的控股公司蒂则诺纺织工业公司对这种损失非常不满，决定在生产及零售方面实施适应型战略。控股公司在1975年Zara投放市场时将快时尚引入了时装业。Zara并不预测客户可能想要的服装样式，而是根据客户实际购买的服装样式做出更快回应。

Zara通过两种方式做到了这一点。第一，Zara缩短了自己的供应链，将生产工厂转移到更靠近客户的地方，并且愿意为获得更大的灵活性投入较高的生产成本。在各项措施之中，公司重新为美国市场和欧洲市场分配了服装厂，将之从东亚地区转移到更靠近终端市场的地方——如墨西哥、土耳其及北非国家等。近距离供货是蒂则诺纺织工业公司组织模式成功的要素。缩短的供应链将产品从设计工作室到主要街道零售店的时间减少至仅需3周，比行业平均供货时间缩短了5个月。[10]

第二，Zara只会小批量生产某种风格的衣服。实际上，所有衣服都是实时参与市场的试验品，那些迅速被抢购一空的成功款式会被挑选出来批量生产。比起竞争对手，Zara零售店测试了更多款式，确保客户的积极参与，并做好继续生产的准备。Zara在新一季开始前6个月用于开发当季15%~25%的产品，新一季开始之初，仅锁定生产50%~60%的产品，而行业平均生产率为

80%。因此，Zara约有50%的衣服都是在季中生产的。[11] 如果哈伦裤和皮裤突然开始流行，飒拉就会快速反应，设计新款式，在某一流行趋势达到顶峰或衰退之前送至门店。

这种方法的效果非常明显：2010年，Zara的减价商品只占库存的15%~20%，与行业平均水平50%形成鲜明对比。[12] 此外，尽管Zara的直接生产成本比其他生产中心基本位于远东地区的竞争公司高，但某一时期的利润率为行业平均水平的2倍，且零售店的存货周转相当高，带来了巨大的投资回报（见图3–2）。

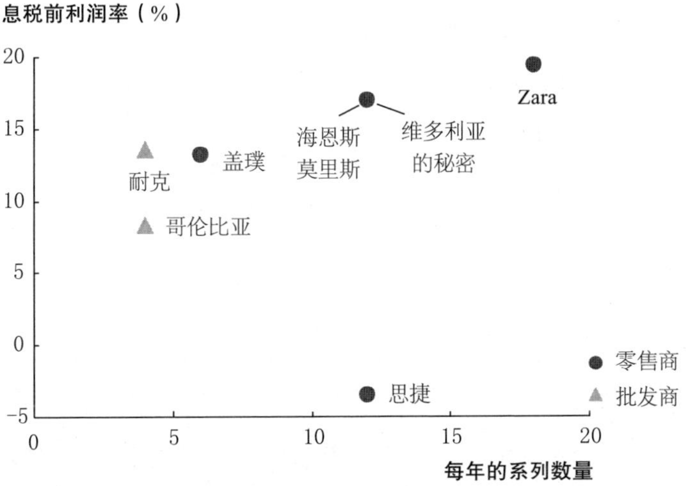

图3–2 Zara在时装行业实施适应型战略带来了高回报

资料来源：资本智商、波士顿咨询公司估计、波士顿咨询公司项目经验、公司年度报告

你可能已经知道的事

适应性能力的优势由来已久。查尔斯·达尔文最先在生物学领域认识到了进化的力量，即适应力。而适应型商业方法认为，战略不是总能提前规划好的，速度和灵活性带来竞争优势，这种观点很大程度上得益于进化论。

20 世纪 70 年代末期，亨利·明茨伯格称，有时公司会不自觉地将资金投到制定应急战略上。这些战略并非经过深思熟虑得出的自上而下的规划，而是在酝酿已久的规划执行过程中偶然出现的。[13]

20 世纪 80 年代，理查德·纳尔逊和西德尼·温特探索出了进化经济学理论，认为经济发展的基本就是适应。波士顿咨询公司的领导人汤姆·豪特和乔治·斯托克基本在同一时期率先提出了时基竞争的概念，说明优势可以通过减少过程中的循环时间获得，比如新产品开发及生产过程。时基竞争的核心是更快执行现有任务，反之，适应力也要求公司学会如何快速、高效地完成新任务。[14]

20 世纪 90 年代末期，查尔斯·法恩提出了暂时优势的概念，认为优势的持续时间越来越短，公司需要调整自己的战略时间，适应行业的“时钟速度”。同时，凯瑟琳·艾森哈特提出，在高度不确定的情况下，以简单规则为指导和原则，代替复杂的规定和指令，可以增强组织和战略的灵活性。瑞塔·麦格拉斯也率先提出了发现式规划的理念，即规划不再是用以评估绩效的产量预测，而是为发现而制定的规划，达到学习效果最大化、成本最低的效果。[15]

最后，波士顿咨询公司在21世纪头十年里提出了适应型优势的概念并使之商业化，帮助客户应对不断增加的变化和不断提高的不确定性。这一概念详细说明了公司如何在实践中替换自上而下的规划，实现自下而上的战略试验。[16]

什么时候采取适应型战略

适应型战略只适用于既难以预测又难以塑造的环境。

那么该如何认识适应型环境？最基本的一点是，在技术、客户需求、竞争产品或行业结构出现持续性重大变革；无法依靠预测产生精准、稳定的规划时，才应该选择适应型战略。上述环境的表现为不稳定的需求、行业排名和收入；预测大面积失误、预测目光短浅等。

从上述衡量标准来看，许多行业中的动荡情况更加频繁且不确定性风格越来越显著，影响时间比以往各个时期更长（见图3–3）。20世纪80年代之前，不到1/3的企业经常受到动荡的影响。但全球化加速了技术创新、加剧了反常现象并加强了其他影响因素，因此现在大约2/3的业务部门都会受到动荡的影响。[17]

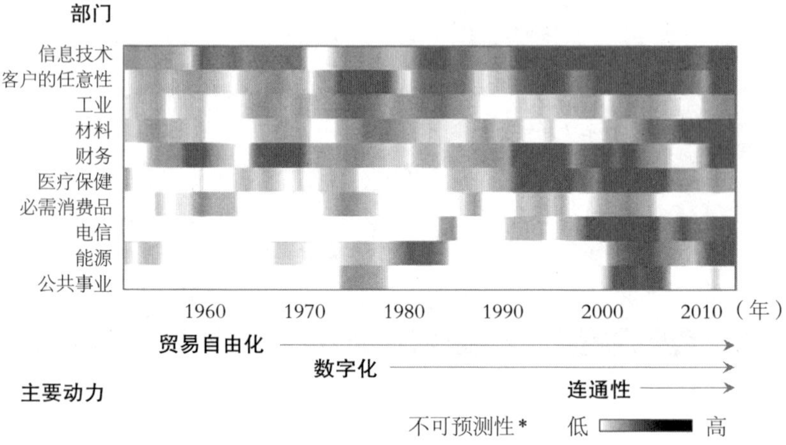

图 3–3　回报的不可预测性不断增长

资料来源：Compustat 数据库、波士顿咨询公司分析

注：不稳定性基于所有美国上市公司。

*不同产业公司市值比例的平均五年滚动标准差的增长，根据公司市值加权。

自20世纪50年代起，公司营业毛利动荡主要为静态，但在过去30年间却翻了一番。此外，跌出行业收入前三名的公司比例从1961年的3%上升至2002年的17%，而2013年，这一比例约为8%。在位公司的价值也缩水了：所占市场份额最大的三家公司同时也会成为赢利能力最强的三家公司的可能性从 1955 年的 35% 下降到 2013 年的仅 7%（见图 3–4）。

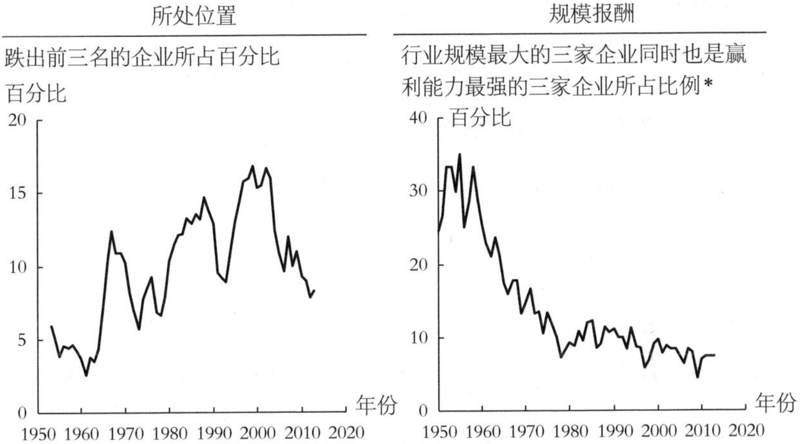

图 3–4　经典型竞争优势来源逐渐消退

资料来源：波士顿咨询公司战略智库分析，2014 年 9 月，Compustat 数据库

注：跨行业分析的基础为 70 个行业中 3 400 家企业；未加权平均值；近年来排名低于前六名的行业除外；近年来仅报告息税前利润、销售额低于 5 000 万美元或息税前利润率低于 –300% 或高于 100% 的企业除外。

*规模按净销售额计算，赢利能力按息税前利润率计算（以净销售额为基础）。

有些行业深受动荡的打击，包括软件业、互联网零售业、半导体业以及刚刚以 Zara 为例的时装业。上述行业内的大多数公司应该思考实施适应型战略——就算其业务不能全部实施适应型战略，也应在其一部分业务实施适应型战略。

实际上，现在这种行业动荡非常普遍，即使大部分资本密集型产业的企业主要采用经典型战略，现在也需考虑采用适应型战略。以采矿业和金属业为例。2000—2010 年，金属和矿产价格的波动幅度是 1990—2000 年的 6 倍。[18] 大多数矿产及金属企业都发现，由于周期长、资本投入规模大，灵活恰当的运营方式难以实现。然而，这些企业面临着越来越大的压力，需要找到新方法，提高灵活性。因为即使价格或需求波动再小，对于高固定成本来说，也会造成严重的收入损失。因此，这一部门的几家公司试图缩短资本循环周期、对越来越多的小资产企业扩大投资、分担所有权风险、使之运营更为灵活，并且通过建立以资产为基础的贸易部门充分利用不确定性。正如必和必拓集团（BHP Billiton）首席执行官雅克·纳塞尔于2013年9月所说的："所有资源型企业都需要提高生产力及灵活性，适应这一更具挑战性市场的变化。"[19]

因此，准确评估环境至关重要。但我们的研究表明，很多企业在客观上面对适应型环境时都没能将之当作适应型环境看待，因为他们更倾向于高估自己可以预测和控制的程度。相反，尽管总体来说，动荡仍呈上升趋势，但适应型战略并非万能灵药，而且必须在适当的情况下有选择性地应用。正如第一章所讲，很多情况下，经典战略仍是正确的选择。

你是否处于适应型商业环境中?

如果符合以下情形，企业便是处在适应型商业环境中：

√ 行业不断变化；

√ 行业发展难以预测；

√ 行业难以塑造；

√ 行业呈高增长趋势；

√ 行业的结构不成体系；

√ 行业并不成熟；

√ 行业以变化的技术为基础；

√ 行规不断变化。

适应型战略的应用：制定战略

由于适应型战略始终产生于企业内部的反复试验，因此需要思考和行动两者统一。思考与行动同时进行，这是适应型战略从本质上与经典型战略不同的地方。经典型战略由两个相继发生的阶段构成：（1）分析与规划；（2）执行。这些活动由企业的不同部门进行。对适应型战略来说，将制定战略和执行战略分离是致命的，因为这样会减慢学习过程。因此，这一章节中的战略制定涉及从捕获变化信号到管理试验赢利的全过程。这一章节的实践部分以更广阔的组织性环境为背景，支持上述过程，并确保其得以实现。

实施适应型战略知易行难。领导者们使用适应力这个词的频率越来越高，他们会提到VUCA环境，即波动（Volatility）、不确定性（Uncertainty）、复杂性（Complexity）以及模糊性（Ambiguity），也会赞扬灵活性及适应力的好处。[20]然而，我们之后会提到，很多企业依旧紧紧抓住自上而下、周期较长、以规划为中心的经典型战略。

适应型战略包括识别并理解改变的信号，管理以高机遇或最脆弱的领域为重点的各种试验的投资组合。这样做的目的是以比竞争对手更快、更经济且更有效的方式快速完成变化、选择、拓展的周期，创造并更新暂时性优势。

和经典型战略不同的是，适应型战略没有预设结果，因为在不可预测的环境中，结果并不可知。战略重复性地出现并演化。因此，如果实施适应型战略的企业领导们讨论特定的战略，必然不得要领。企业领导可以确定重点关注领域、一个大致的方向或者某种强烈意愿，但具体的战略都是自然发生并且充满活力的。相较而言，试验的方法必须经过深思熟虑。与经典战略相比，适应型战略必须承担风险，还需要创造力，因此似乎毫无章法。但适应型战略需要贯穿一套迥然不同的规则——从创造新选择到决定如何测试或选择有前景的战略，再到确立如何将资源从前景较差的项目转移到有潜力的项目上。

识别变化的信号

正如获得诺贝尔奖的丹麦物理学家尼尔斯·玻尔所说："预测本就不易，预测未来更是难上加难。"那么，公司无法通过预测确定方向时，该如何做？

要应对并驾驭改变，公司首先要观察，尽力多做了解。观察改变时，企业需要捕获正确的信息，并进行转换，区别非重要变化和重要变化（重要变化即可能会带来威胁或机遇的变化）以及可预见、可了解的因素和当前无法了解、尚需探索试验的因素。若要理解变化的重要性，企业需要通过发现和重新思考盲点以及潜在假设来质疑和挑战它们认为自己已经知道的内容。因此，外部的变化信号可能直接预示着机遇或威胁，或者以相对间接的方式指出企业需要通过试验获得更多信息的非确定性内容。这种方式下的试验不必盲目，而应将其当作具有指导意义的学习过程。[21]

掌握正确的信息对持续获得有关需求或竞争领域变化的新看法极度重要。在日本，全球食品杂货连锁店 7–11 在 21 世纪初拥有非常重要的信息优势，其方法是利用销售终端记录销售额以及其他变量，比如客户统计数据，甚至当天的天气和时间。得到数据后，公司可以实时测试这些变量如何促进销售，因此 7–11 可以在实际条件下确认销量较好或销量较差的商品。

如此一来，价格、搭配、促销以及布局可以在每天，甚至在几小时的基础上做到因地制宜，达到最优效果。例如，7–11 的系统可以根据附近新开的建筑工地跟踪记录午餐盒的需求变化，以单个店铺为基础，快速调整搭配商品。[22]

通常情况下，有用的信息近在咫尺、唾手可得。比如说可以从与客户、供应商以及其他利益相关方的交流中得到。但这些信息可能需要通过数据挖掘及分析来进行搜集和解读。企业必须能够破译大量数据及背后的模式，并且抢先快速做出反应。企业仅仅靠掌握信息而保持优势的时代已逐渐远去：企业所掌握的信息可能很快就会失去相关性或者需要进一步梳理。

理解变化重要性的同时，企业必须培养自知之明；避免自以为是。在变化的环境中，这种信息地图也会经常变化。在某些情况下，企业不能充分利用得到的新信息（即待开发所知，我们称之为大象）。还有一些信息可能你误认为自己知道，即假性所知（我们称之为独角兽），可能仍需质疑。最有挑战性的是，有些事物在变换视角或进一步试验之前并不可知，即双问号，或者借用美国前国防部长唐纳德 · 拉姆斯菲尔德的话：未知的未知（见图 3–5）。[23]

可以理解的是，大企业很难识别并解决这三种类型的盲点，因为大多数大型企业的世界观都带有经典型偏见。企业认为自己非常了解市场或竞争格局，因此只想看到不显著的变化。

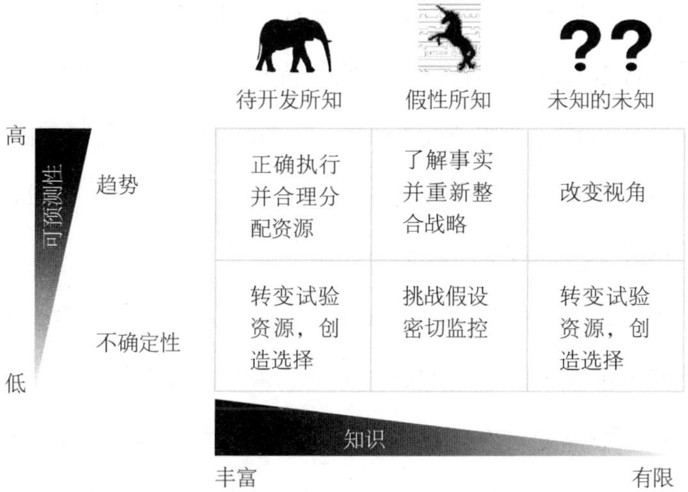

图 3–5　不确定性来源分类工具

美国多家汽车生产大企业以及混合动力汽车可以作为待开发所知的例证。20 世纪 90 年代，克林顿政府要求大型汽车生产企业适应客户日益强烈的环保理念，设计更省油的汽车。通用汽车公司、福特汽车公司、克莱斯勒汽车公司都开发出了原型，但只有为数不多的几款走上了生产线，这就为丰田汽车公司提供了机会。[24] 丰田汽车公司的普锐思成了第一款被大量生产的混合动力汽车，而且广受欢迎。逐渐累计下来，普锐思 2008 年的销量超过了 100 万辆，2013 年达到了 300 万辆。2009 年，普锐斯成了日本销量最高的汽车。[25]

假性所知是占主导地位但逐渐过时的世界观。有些例子中，尽管变化的信号非常多，但企业可能会因为主观上低估或忽视了一些信息而忘记挑战某个假性所知。有一个假性所知的例子看似很合理，即认为人们使用智能手机是为了打电话！很容易就想象到，对老牌电信商来说，挑战这一观念非常困难，而且这一战略带来的后果意义重大。挪威电信公司Telenor实际上挑战了这一观念，我们将在本章提到。

当然，总有一些事是企业在没有试验或挑战传统观念前可能不知道或者无法知道的——未知的未知。因此，采用适应型战略的企业需要培养自我挑战的文化，鼓励质疑企业主流逻辑以揭示并采用消除盲点的技术。例如，它们试图从真正竞争对手或假想竞争对手的视角看待自己的企业，与自己的商业模式进行模拟对战，或尝试为每种新的投资建议制造相反的商业案例或提出强制性反对意见，有意识地扩大自己的视野。

管理试验组合

动荡的商业环境中，企业的产品、服务、商业模型等很快就会过时。同时，企业不能预测哪些新元素会替代旧元素。幸运的是，除了预测之外，企业领导们还有其他可选的方法：使用战略试验组合，并关注速度和经济这两个必要元素。为成功做到这一点，企业要通过识别变化信号以及产生足够多的新想法测试其感兴趣的领域，然后设定试验范围。企业如果对如何选择项目和推进项目列出清晰的规则，前景良好的机遇很快就会通过有规则的试验浮现。最后，企业会通过快速果断地重新分配资源拓展成功的试验。

首先，企业应该决定试验什么。企业应该充分利用变化信号，重点关注最有增长潜力、最有威胁或最重要盲点的领域。即使在缺少清晰假设的那些方面，更多的试验可以带来更多信息，进而带来更多选择。和经典型企业不一样的是，适应型企业倾向于先行动再分析。

适应型企业通过挖掘两种资源确保自己拥有足够的新想法用以试验。它们会欣然接受企业运营方式自有的自然变化，或者通过创造一系列新试验并进行测试以主动引进新变化。被动在贸易或销售等活动中效果良好，而这也是需要重点挖掘自然变化的领域。变化带给适应型企业广阔的选择范围用以探索。值得注意的是，这种变化正是经典型企业在追求更高效率的过程中想要排除的因素。正因如此，对于经典型公司来说，即使急需试验性方法，真正接受它也非常困难。

谷歌公司成立不足20年，却在难以预测的市场中突飞猛进。拉里 · 佩奇作为谷歌的创始人和首席执行官在这一点上最有发言权，他说："我认为，很多大公司的领导人不相信变化的可能性。但历史告诉我们，事物的确会变化；如果你的业务是静止的，那很可能出现了问题。"[26]因此，谷歌广泛测试了一系列可能性，无论是否贴近其核心业务——从关键词广告到更具有探索性的谷歌风投，再到实验性的谷歌眼镜等一系列项目。这些想法中的很多都是从著名20%时间项目中孕育的，这一项目旨在让部分员工将20%的工作时间自主利用在他们选择的新项目上。[27]

为保证试验能快速经济地进行，公司要制定清晰明了的试验构建、执行、评估规则，并在严谨的框架中厉行自由原则。在投资组合阶段，适应型公司应该严密监控其试验的经济意义。公司应该权衡并优化试验的数量、成本、成功率及进行速度。通常情况下，单独的试验规模较小，试验的总体数量很多，而且很快就能得出结论。比起将大量时间用于评估或尝试预测每个项目的成功率上，适应型公司不断验证实际效果，频繁重复其组合。正如管理作家汤姆·彼得斯所言："快速试验，快速失败，快速调整。"[28]

再看谷歌的例子，谷歌主动衡量实验成果。因此，从结果看，谷歌可以对不同项目快速重新分配资源。过去的10年中，谷歌每年推出或终止10~15个项目，而这些举措都没有让客户或企业对此产生不满。[29]然而，经典型战略家可能会认为适应型战略仿佛是"试一下，看哪个能成功"的做法，客观数据——而非争议性的直觉——控制每个决定。

在难以预测的环境中模拟战略

经典型战略在稳定的环境中表现良好，原因在于仔细分析做出选择的吸引力不会改变。然而，电脑模拟时，我们在环境中加入动态因素或不确定因素后，经典型战略在持续探索新选择方面表现欠佳。

在不确定的环境中，实践中的选择所带来的优势会减弱，而有潜力且更好的新选择所带来的优势则会增强。因此，在探索新选择方面持续投资某种资源组合的战略，即适应型战略，应该有更好的表现。

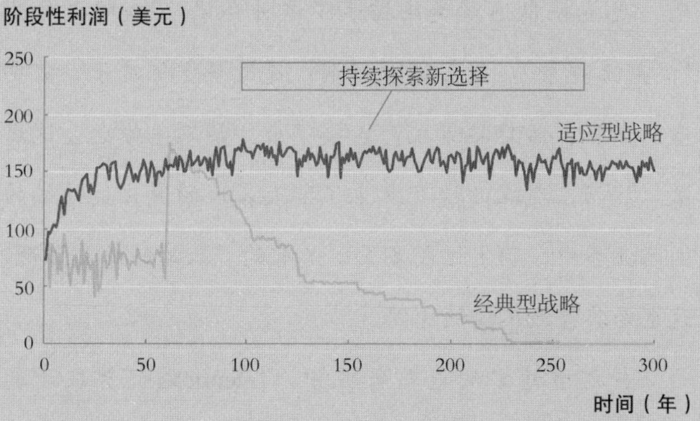

图 3–6 适应型战略在动荡的环境中表现良好（模拟）

资料来源：波士顿咨询公司战略研究所MAB模拟机制

注：结果为在非竞争环境中超过30次模拟及30个投资选择的平均值。

我们的模拟确认了上述关系。提高一定时间内每种选择不确定性的程度，需要成比例提高探索投资的程度及持续性（见图 3–6）。

Telenor公司的战略制定

在所处环境由相对稳定的经典型环境快速转变为变化较快的适应型环境的行业中，电信行业可谓代表。挪威电信运营商Telenor的首席执行官乔恩·费雷德里克·巴克萨斯通过类比描述了这种变化："我将之称为'混凝土现象'。你习惯做规划：建造多少栋房子、需要多少水泥，然后按量生产。接下来，第二年你也会这么做。然而，现在的情况发生了翻天覆地的变化。传统的固网业务中，确定性或多或少是有的。从某种意义上说，这也是其停滞不前的原因。"[30]

在之前稳定的电信行业中，Telenor的优势在于其规模及其在挪威、瑞典和丹麦固网业务的成本优势。然而，接近2010年的时候，网络业务日臻成熟，收入来源从电话到数据的快速转变，科技巨头与如网飞公司和Whatsapp（一款智能手机通信应用程序）等新公司也带来了以互联网为基础的新型服务，Telenor面临着新的挑战。竞争很快就变得无规律可循，客户的偏好以及市场划分都发生了变化，这一行业比以往难以预测。[31]

通过使用适应型战略，Telenor在本土以及新兴市场都获得了成功，尤其是在业务新领域上。例如，Telenor调整了其规划的速度和视野，使其更具可重复性。此外，Telenor还关注当下发生的事并做出快速反应，按季度更新、调整规划。巴克萨斯说："缩短延迟时间，将产品投放市场，比达到既定目标更重要。"

Telenor还调整了其创新方式。巴克萨斯通过举例说明了投入市场的速度和新鲜度为何如此重要："我在演讲时曾问听众中有多少人用智能手机——90%的人举起了手。我又问多少人用苹果手机？这次有70%的人举手。我接着问这些人中有多少在那天上午打过电话？举手的人只有5%。其他人都使用了手机，但只使用了数据和应用程序。所以，我们必须据此改变我们的模式。"实际上，这意味着Telenor在将创新成果融入更广泛的业务之前，通过"尝试错误"这一过程保护、支撑了创新。Telenor严密管理试验引擎，关注每项试验的成本、投入市场的周期、新产品的销售比例等适应性参数。接着，Telenor会迅速推广试验成功的产品，如appear.in这种嵌入浏览器的群组视频交流工具。经过了“测试—学习”阶段，appear.in现在已正式在全球推广，为175个国家的客户提供服务。[32]

此外，Telenor还改进了其人才管理方案，“培养并鼓励敢于冒险、勇于创新的人”。例如，公司推出了一个全球领导者项目，从全公司选出40人通力合作,思考新的商业理念。这个多样化、多功能的团队构思出的八个新理念现在已经处在进一步完善阶段。

对于处于有利地位的垄断企业或大公司，为反对其所带来的惯性，巴克萨斯强调“在无法预测的时代，已经进入市场的公司会失去更多”。Telenor系统性地从变化最快的领域——如亚洲市场——学习并获得经验。在这些市场中，Telenor将重点放在以最快速度和最多客户进行接触上，例如通过将手机开发成本控制在20美元以下等方式来做到这一点。

适应型战略的应用：实施战略

我们来看一下支持并强化适应型战略的组织背景。适应型战略必须深入企业组织的方方面面，通过推动外部导向、自下而上的规划、灵活多变的组织形式让信号的捕获、实验、选择更为便捷。

信息

如前所述，信息管理对信号捕获及试验组合的有效管理都非常重要。因此，适应型企业必须不断更新外部变化的数据，并且必须具有揭示隐含模式的分析能力。这些能力需要广泛深入组织中。管理试验需要两个层面的信息：管理单独试验的信息（即每个实验成果及控制的数据）以及管理整个试验组合的信息（例如，整体成功率、成本、速度以及总体投资回报）。

由于企业先要分析变化信号并采取行动，进而在适应型环境中获得优势，因此企业必须对行业、竞争、客户以及客户的趋势有着深刻的了解。适应型企业必须努力增强分析能力，从而捕获并利用不同类型的实时信息。由于信息的应用模式无法精确预测，因此信息需要能够较易获得且获取范围要广，使得企业各个部门都可以利用。

美国前进汽车保险公司在使用新型实时信号了解细分市场的风险，进而获得竞争优势方面是个很好的例子。远程信息处理系统是一种可以从距离较远的物体上实时读取并上传数据的技术。20 世纪 90 年代末，前进公司成为美国首家具有远程信息处理技术的保险公司。2011 年，公司引入了一种名为“快照”的远程信息处理设备，供司机们放在自己的车内使用。这种设备可以将司机的行为数据——例如英里数及加速、刹车模式等数据——上传。获得这些信息后，前进公司可以开发个性化动态风险档案，并为低风险客户节省高达 30%的费用。[33] 此外，公司还会使用日益精确的数据，更新客户及产品分类。由此，前进公司在销量、自留额、以客户为基础的损失率等主要方面都取得了进步。前进公司首席执行官格伦 · 兰威克说：“我觉得，快照是我个人职业生涯中见过的最重要的东西。”[34]

只有将确定结果是否符合继续/停止试验的试验数据和对应的控制数据结合起来，才能得到好的结果。有效的试验同时也需要对整体构思产生、成功率、试验成本、发展速度、试验组合内资源进行管理和监控，以达到最大的试验产出。

公司需要从每种试验中得到尽可能多的经验教训——其中也包括未能成功的试验。失败对适应型公司非常重要，因为这些试验可能包含非常有价值的信息，且这些信息的价值不只体现在试验成功与否之上。经营赌场的凯撒娱乐集团利用其十几个平行试验中的信息，不仅找到了对其客户来说的最佳产品，也调整了试验过程本身。试验分别在某个赌场的控制组区域内进行，因此，每种试验都可以得到恰当评估，如果可行，该种方法会在全公司推广。[35] 这一过程非常严谨。凯撒娱乐集团首

席执行官加里 · 罗夫曼开玩笑称："凯撒会开除两种人：从公司偷东西的人和未能在业务试验中找到合适对照组的人。"[36]

创新

很显然，不断创新是适应型企业的生命。由于适应型公司是在没有预先确定目标的前提下试验，所以它们需要严谨、反复的创新过程，确保最佳方案以快速而经济的方式逐渐呈现。因此，适应型创新需要以外部信号为信息点，做出规模小、成本低的选择，且需要频繁重复这一过程。此外，对企业高层来说，需要宽容地面对失败并对整体经济进行优化管理。当然，这并不是说要为了创新而创新，毕竟试验非常昂贵且需要承担风险。因此，适应型公司需要调整其探索环境的频率，掌握环境变化的速度，以确保公司能够将优势充分发挥，哪怕只是短期内发挥优势也行。

在本章制定战略的部分，我们已经探讨了适应型创新的很多重要特征。现在，我们来看一下在通常情况下，创新在构思和实施层面上的核心区别。经典型企业的创新通常与常规业务略有分离，如某一完全独立的研发部门会偶然取得巨大进步。适应型战略的创新恰恰相反：有着小步走、不间断、可操作的特点。此外，同愿景型战略及经典型战略不同的是，企业可能最初并不知道正在寻找的"新"事物是什么，所以难免会遭遇失败、受阻或意料之外的状况。因此，适应型公司从速度、刺激增长、只做短期三个方面管理单独项目，敦促团队快速集思广益，决定某些事是否值得进一步推广，是否需要改变方向，或直接停止。例如，谷歌要求项目说明不得超过一页纸，这一限制在缓解由改变方向或终止项目引起抵触、遗憾等情绪上起到了一定的效果。[37]

组织形式

适应型战略需要能够捕获并分享外部信号、构思并有效管理试验组合的组织形式。因而这一必备的组织原则必须以外部为导向、能够获得信息、去集中化、灵活，以便在试验重心变化时，快速重新分配资源。

以外部为导向可以让公司有效捕获外部信号。通常情况下，这意味着公司可以通过构建强有力的反馈机制，或创造用户社区作为组织模型一部分的方式，将客户纳入其程序中。有时，客户正是创新构思的主要来源。

适应型公司通常可以得到广泛信息，实现数据可视化，且组织内所有成员均可接触分析数据，因此员工可以发现变化，并且立即制定快速应对方案。这与经典型战略不同——经典型企业通常由一小组专家掌控战略分析工具。

由于激励自下而上学习和激发个人创造力的需要，适应型企业通常会在组织内部培养高度的自主性，组织结构相对扁平，实现去集中化。这些组织一般都具有非正式、暂时性或平行结构的特征，例如内部论坛、任务小组或委员会可以打破传统的职能孤岛，分享信息，对有潜力的机会实现灵活的人员调遣。多层次、严格管理、烦冗的规则会大大减弱公司在环境释放新信号时实行彻底转变的能力。[38]

安全的创新空间：财捷集团的组织

财捷集团被其董事长及首席执行官布拉德·史密斯称为“三十岁的初创公司”。[39] 作为互联网时代前就诞生的软件公司，财捷集团尽管年龄很“大”，但通过改组其创新及试验程序，设计前沿财务软件，让业务增长方式愈加年轻化。财捷集团里有经验的领导者设计了一种组织，具有安全创新空间的功能，减少新产品开发过程中的摩擦，并鼓励简单原则引领下的速度哲学。

例如，财捷集团的组织通过为4~6人的多样化小组提供支持，为确定问题并快速制定解决模式而培养了开放、灵活及自下而上做贡献的氛围。内部工作小组认为新软件发布过程中太多管理者的参与会使这一过程低效、不清晰或有时会打击士气，于是出台新的决策程序，给予熟知产品及目标客户的小型开发团队更大权限。每一决定中的管理团队仅有两名决策者：一位为发起者，负责清除障碍；另一位为指导者，提供建议。[40]

财捷集团的组织章程和步骤没有给企业带来太多的限制，反而使企业能够将更多的精力和注意力投到组织运营上。面对免费互联网软件可能带来的行业商品化，财捷集团通过推出新产品、智能收购个人理财聚合器Mint.com等措施巩固了企业的领导地位。自2008年史密斯成为首席执行官开始，财捷集团的股价至少翻了一番。[41]

适应型组织形式通常体现为模块化，而且很灵活。换言之，其组成单位可以根据环境的变化或为了扩展某一试验迅速重组。标准化（即插即用）界面可以让组织变化，通过快速转换资源，满足变动的需求。以康宁公司为例，该公司生产的大猩猩玻璃2014年全年为苹果手机提供屏幕材料，同时也为33个大品牌的将近2 500个其他设备提供屏幕材料。[42]我们会在第七章中提到，康宁并没有预知设备生产商何时开始生产新产品，也不知道新产品的标准如何。但公司灵活的组织结构、通畅的跨部门合作以及共同的目标使之可以快速调整角色，重新分配资源，围绕新的机会开展行动。

文化

适应型公司理解并根据市场信号行动及进行试验的能力从根本上说由其文化决定。因此，适应性文化是一种以外部为导向，以方法为中心的文化。比起单向命令的整合，文化通过对角度多样性的接纳以及对结构持不同意见的鼓励，为新想法的产生及快速学习创造了背景。

经典型公司明确以目标为导向，拥有井然有序的文化。与之相比，适应型战略需要开放、轻松的文化，鼓励新想法的产生。通过允许建设性异议的存在以及对认知多样性的推崇，文化推动了员工的挑战精神。此外，由于适应型组织依靠个人创造力及首创精神，它们在确切的目标方面，明确表现出一系列共性行为以及共同目的。

举例来说，网飞（Netflix）之所以独一无二，是因为其最初将一系列显而易见的适应型管理理念及原则设为规定。以下是其《自由及负责的文化参考手册》中摘取的内容：以流程为导向的公司“不可能快速适应环境，因为其员工非常擅长遵循现有程序……我们会尽量摆脱规则。我们的文化是富有创造力且自我约束的，也是自由而负责任的”，并从“高度协作、松散结合的团队工作中”受益……“目标即做大，做快，做活”。[43]

网飞公司的文化在高度动荡的行业中，为可持续生存能力及优越的运营、理财表现奠定了基础。网飞公司从一个提供邮寄DVD（数字光盘）服务的企业成长为数字流媒体企业，并发展了自有内容，股票价格自2009—2014年增长了10倍，成为2013年北美消耗网络流量最多的网站。[44]

领导力

适应型企业领导带领团队按照设定的步调走，而非奔着目标前进。他们通过运用建立外向型组织形式、创造利于试验的文化、说明进行试验的条件、强调试验的重要领域等手段来管理企业。里德·哈斯廷斯是网飞公司的首席执行官及创始人，他对领导力最重要的品质进行的总结是："最好的管理者知道如何通过设定合适的环境获得最大收益，而非试图控制员工。"[45]

3M的文化及领导：威廉·麦克奈特

1929年8月，就在华尔街爆发股灾的前两周，威廉·麦克奈特正式成为3M（明尼苏达矿务及制造业公司）工业集团董事。之后20年里，威廉领导下的公司需要应对诸多变化。他的成功正是一个经典案例，说明了领导者创造了一种可以让团队中杰出创新者发光发亮的环境。

麦克奈特制定了一系列管理原则，成功适用于现在任何一家创新科技公司的文化：下放权力以刺激个人创新；

容忍错误，避免熄灭创造力的火花；工作周留有自由时间，让员工追求所好；建立平台，在全公司分享高见妙策。

20世纪40年代末，麦克奈特准备离职时，他制定的领导团队原则可以假设为公司的日常管理准则：

随着业务增长，下放权力并鼓励员工实践新想法愈发必要，这一点需要很高的容忍度。我们对其授权并下放责任的员工，如果是认真负责的好员工，就会想用自己的方式完成工作。当然，错误不可避免，但如果一个人本质是好的，从长远来看，他犯下的错误不会比管理层会犯的错误更严重，只要他告诉领导自己到底想如何完成工作即可。错误发生时，如果管理者不问青红皂白将其一棍子打死，就会扼杀首创精神。而且，重要的是，如果我们想要继续发展壮大，就需要很多具有首创精神的人。[46]

现在，这些原则依旧构成了3M集团员工所处的环境。公司给予研发部员工15%的时间"想一些天马行空的事"，通常是不具备直接经济潜力的基础研究主题，以鼓励其研发部员工践行自己的想法。[47]换言之，"谷歌时间"在谷歌公司成立前很久就已出现。这些组织及文化元素是3M长久以来获得成功的核心原因。3M新上市的产品，销量通常能超过目标30%。[48]

技巧和陷阱

如前文所述，成功的适应型战略取决于对试验持续而缜密的执行，且试验以信号为指导，而非预设的目标，并多次重复。为了有效进行试验，你必须接受自身知识以及预测能力的局限性，并通过创造、挖掘不同选择为未来做好准备，而不是通过分析或预测得出的单一不变的方案。

你的行为是否符合适应型战略？

如果做到以下各项，则你的战略为适应型战略：

√ 以提前捕获并分析变化信号为目标；

√ 创造选择及试验组合；

√ 选择成功的试验；

√ 扩大成功的试验；

√ 灵活地重新分配资源；

√ 快速重复（变化、选择、扩大规模）。

关于不稳定且难以预测的环境及适应型战略已经讨论了很多，至少从表面上看，适应型战略已为大多数管理者所熟知。因此，在我们进行的调查中，1/4 的企业称自己使用了适应型战略，且其中 70% 以上的企业都认为规划应该发展——得出这样的结果就不足为奇了。然而，很多企业都认为自身的适应能力不足：只有 18% 的企业认为自己擅长读取信号，只有 9% 的企业认为自己擅长管理试验。少数企业似乎能够精准定位适应型环境，许多企业认为适应性环境容易预测或具有可塑性，实际却不然。此外，尽管企业宣称自己运用了适应型战略，其实际使用的战略显然并非适应型战略——规划、预测、强调结果而非方式。我们的调查清晰地表明，很多企业意识到了适应型战略的重要性，但并没有足够的知识或经验实施适应型战略。希望本章及表 3–1 中的技巧与陷阱能帮助弥合这一差距。

表 3–1　技巧与陷阱：适应型战略主要的成功因素及失败因素

技巧	陷阱
• 了解自己已知和未知的领域：从外部看，在永恒变化的世界中，很难找到明显的新机会。要不断寻找信息，挑战根深蒂固的理念。	• 对自己的信念过于自负：知道某一领域的未来并不确定是一种矛盾修饰法。即使你的世界观完全正确，快速变化也可以瞬间让其成为过时之事。
• 实践目标要有灵活性，过程要严谨：在宽泛的范围内进行试验，做好应对意外的准备，但要有序管理试验过程。	• 禁止异议：避免只听到你想听到的事。将与自己信念相反的信号当作能让你看到新事物的礼物。
• 不要拿公司做赌注：使用多个小型经济的试验做组合，不要在大型单一的项目赌上公司的未来。	• 规划无法规划的事：在快速变化的世界中，在大量预测及规划中投入精力是徒劳的。
• 速度高于准确性：无论试验室继续或终止，都要快速凝聚。目标不可知或在变化时，详细的预先分析和精准的目标是对时间和资源的浪费。	• 行动缓慢：成功取决于引入新产品或新业务模型时，比竞争者快多少。因此，即使是为了追求完美而带来的惰性及复杂可能是致命的。

（续表）

技巧	陷阱
• 频繁重复：经过测试、评估、调整和进一步测试的循环，成功的信号就能有机会出现。经常查看可以更快学习。 • 有章法地选择：为选择及拓展有前景的试验提前制定清晰的规则，保证快速自我调整方向，并限制直觉对决定的影响及惰性。 • 从失败中学习：知道试验在不确定的情况下会失败，且失败会产生有价值的信息，指导将来进行的试验。 • 理解实践性：将适应型战略的内容和意图强加到经典型组织中并不有效。学习以试验为动力战略的不同操作方法。	• 拿公司做赌注：大型试验一旦失败可能会将公司拖入深渊。试验只是一种在成本和风险都可以有效减少的前提下的规划方式。 • 惩罚失败：新想法能带来成功，责备或羞辱失败的试验会扼杀个人产生新想法的动力。开放思想的文化是适应型战略之所以成功的关键。 • 跟风行为：适应型战略在当今难以预测商业环境中尤为必要，但跟风并非好的方法。相反，应该看到你所处特殊环境中的特征。

愿景型战略：抢先

昆泰公司：构建愿景

丹尼斯·吉林斯还是北卡罗来纳大学生物统计学教授时便开始帮助医药公司根据临床试验分析数据，当时他 30 岁。他回忆道："当时，我觉得那是个开展业务的机会……既能充实教书生涯，还能获得一小笔咨询费。"但随着咨询的进行，他愈发觉察到那是一个做大事的机会。"咨询时，我发现低效率这个问题。我记得当时自己走进一家医药公司，忽然想到：'噢，根本不用花那些钱。'"[1]

1982 年，他与别人合作创办了昆泰跨国公司，在当时就将其作为真正迈向全球愿景的第一步。这一举动让他开创了临床研究组织（CRD）的先河。这一行业中，类似昆泰的公司不仅分析数据，也积极管理临床试验和其他活动。吉林斯说："我意识到自己可以在全球范围内开展业务，促进医药发展。"

在这一时期，吉林斯对愿景的清晰认识和迫切想要实现愿景的心情引领着公司发展。吉林斯说："这一规划从未改变。"为了实现其愿景，吉林斯设定了几个高阶目标，这与经典型战略中详细的规划文件完全不同。吉林斯说："战略性规划总让我觉得好笑。"例如，20 世纪 80 年代建立单一的欧洲市场规划公布时，吉林斯就预见到了欧洲监管趋同的影响，并意识到自己需要为泛欧洲联盟的基础工作提供支持。他解释道："1989 年，我所做的全部工作就是沿竖轴画时间图，之后将国家名字也写上：已经有了美国和英国，之后会发展到德国、爱尔兰、法国和意大利。接着，我说我们得发展亚洲市场……我用了 9 年多，把全世界都写到了轴线上。"

吉林斯很早就发现，临床研究企业极具潜力，但要说明的是，他必须迅速发展。"我决定，要想比别人更快，就得进行收购。20 世纪 90 年代，我们的收入从 1990 年的 1 000 万美元增长到 1998 年的 10 亿美元……快速行动让我们实现了百倍的增长。"他认识到，尽管自己开发了新市场，其他的——包括具有优势资源的企业——都会进入市场。因此，吉林斯快速行动，打败了规模较大但并不太敏感的潜在竞争者。

昆泰公司之所以成功是因为吉林斯不仅有快速行动

的勇气，而且有坚持面对质疑的勇气。“我差不多要抛开所有建议。可能我看上去很蠢，但我一直很有逻辑，我会想：‘我不知道这些建议为什么正确。’例如，我曾因过早进入全球市场而受到批评，因为这样做的代价很高，但我已经习惯了他人的反对，所以我坚信自己是正确的。每个文化群体里的人基本上都会使用同一种药，所以最终药品都会实现更全球化的发展。因此，领先就意味着获得了优势！”

回想一下，吉林斯本不必担忧。他说：“我高估了潜在竞争者的能力。”但当时很难判断他们的状态。因此，唯一要做的就是快速发展，不是跟别人竞争，而是跟自己竞争。“很高兴我做到了——我们成功地实现了发展壮大，我在1990—1998年非常有闯劲儿。”

现在，昆泰公司是世界上医药发展及商务外包服务最大的供应商，分布于60多个国家的雇员已经超过3万名。过去10年间，昆泰公司与270万名患者进行了4 700次试验，这帮助其发展了市场前50种最佳药品，实现了商业化。[2]

吉林斯认为公司的成功很大程度上归因于顺应了时代。他说：“这是一种时代思潮，我们走了进去。如果我早出生50年，这就不算好时机了。”尽管这只是一部分原因，但正是他意识到了“这可能是几十亿美元的产业……为了实现这一目标，我们必须快速发展”。

吉林斯的专心是愿景型战略的特征，正因如此，昆泰才能成功发展。吉林斯获得了多项回报：“既然你志向高远，就好好努力，公司会在你经营的领域获得领先地位。”

愿景型战略：核心理念

某些环境中，一家公司就可以创造或再创造某一行业，并凭借这种力量让未来有一定的可预测性。这种情况下，公司就可以使用愿景型战略。正如吉林斯的事例所示，你必须能够以一己之力发展新市场，或颠覆已经存在的市场。艾伦·凯是美国计算机科学家先锋，他很好地总结了什么是愿景型视角：“预测未来的最好方法就是创造未来。”[3]你的品牌名称甚至可能在未来几年定义某种产品类别，就如施乐公司和胡佛一样。

愿景型战略分为三个步骤（见图4–1）。首先，你需要通过尽早进入大趋势而设想某一机遇，应用新科技或解决客户不满意之处及新需求；其次，你需要成为首家为实现这一愿景而建立的公司或生产的产品；最后，你必须坚持追求某个固定目标，同时要灵活使用克服未知困难的方法。拿艺术来比喻，超现实主义画派的愿景型画家想象某种他们想要表现的图像，而非观察它，接着不懈努力，将之呈现在画布上。

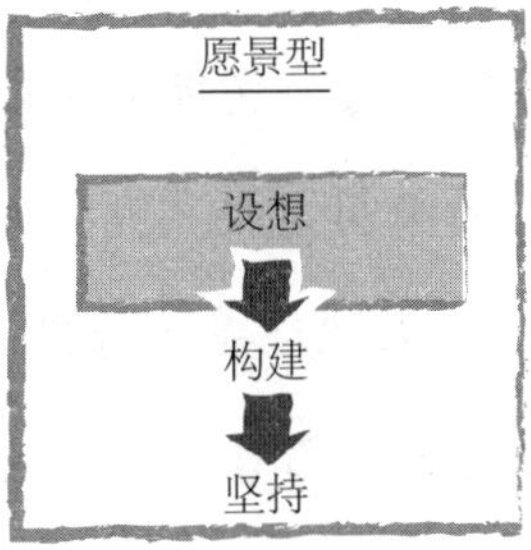

图 4–1　愿景型战略

时机至关重要。成为第一，就意味着获得了领先于对手，进而成长壮大的优势：你可以设定行业标准、影响客户的偏好、开发优越的成本地位，也可以让市场朝适合自己公司的方向发展。

尽管愿景型战略通常会和创业型新公司联系在一起，但更为成熟的公司也越来越需要熟悉这一战略。随着大型公司发现自己愈发频繁地受到小型公司的影响，大公司至少需要知道小型愿景型竞争对手的想法，才能做出反应，或者最好能在环境恰当时取而代之。商业作家加里 · 哈默尔指出："外面某个车库里，有位企业家正在打造击垮你公司的利器。"[4] 对愿景型战略的深入理解及认知是抵御老牌竞争对手的第一道防线。

时机为何重要：23andMe

2006年，安妮·沃西基与其他人一起创立了23andMe个人基因组公司，提供个人DNA（脱氧核糖核酸）的分析。安妮的公司是使用愿景型战略的范例。21世纪前10年中期，沃西基还是医疗保健投资分析员，正是那时，她想到要变革自己所处的领域："我当时正在和一位科学家吃晚餐……我们谈到了医疗保健和数据。从理论上说，如果拥有世界上所有基因型和表型数据，那么就可以解决医疗保健的问题吗？答案是肯定的。"[5]

以这一见解为指导，安妮于2006年与两名同事一起创立了23andMe公司，以"加速新型治疗方案的发展，获得对健康及疾病预防更好的了解，并为想要了解并使用自己基因数据管理健康和福祉的人提供更大可能"为任务。[6]

安妮遇到了绝佳时机。她将生物技术学、信息技术中令人兴奋的发展与电子商务相结合。千禧年交接之际，美国生物学家克雷格·文特尔以1亿美元的成本，成为首个贡献人类基因图谱的人。[7]在接下来的几年，人类基因测序成本呈几何级数下降。同时，信息技术为组合、分析并分享日益增长的大量数据提供了新可能。[8] 对沃西基来说，这些发展开创了新机遇：为客户提供测试自己基因的机会，将之与客户填写问卷得出的表型数据结合，并将结果以用户友好、个人相关及易于理解的方式反馈给客户，同时聚合成强大的基因信息统计数据库，推动新研究。23andMe引进通过客户的唾液分析个人基因这一个新产品时，《时代》杂志评价其为2008年年度发明。[9]

尽管产品最初上市时售价999美元，但23andMe很快就将价格降至99美元，以通过快速增长获得临界规模及领导力。[10] 扩大规模的动力深入该愿景的各个方面。到目前为止，23andMe已经进行了70万次测试。[11] 沃西基的目标是2 500万次。“一旦得到了2 500万人的数据，你得到的发现就能带来巨大力量。大数据能让我们所有人更健康。”通过使更多的人对自己的宗旨感兴趣，23andMe不断扩大规模，也因此持续巩固了自己的领导地位，安妮说：“突然之间，（我们的）数据对药物学、医院以及其他大型组织有了难以置信的重要性。”

和大多数新公司一样，该公司也遇到了很多挑战，但沃西基一直在坚持。比如说，有些州试图以非医生要求为名，排挤23andMe的测验。2013年11月，美国食品药品监督管理局（FDA）要求23andMe停止宣传其健康报告，因为该机构认为这项服务从技术角度讲是医疗手段，因此需要美国食品药品监督管理局的相关许可。[12] 对于这些挑战，安妮对最终结果坚信不疑，但希望其实现的方式更为灵活。

显然，要做到这一点任重道远——安妮知道自己的模式让医疗保健产业的一批既得利益者不舒服，从而不得不在质疑和反对中坚持。但面对挑战的沃西基并没有退却，她说自己之前为瓦伦堡家族工作，这个家族是瑞典的亿万富豪家庭，经营着欧洲最负盛名的投资公司之一，她学到了“风险投资、大胆构思及思考社会将会或能够如何改变的概念”。安妮说：“有些投资者想要对重大变化投资——50个人里只有一个能成功，但会是巨大的成功。我希望下大赌注，我准备好迎接重大变化了。”

什么时候采取愿景型战略

遇到能够通过在正确的时间实践大胆的想法而一力创造或再创造某一行业的机会时，就应该实施愿景型战略。也就是说，当公司处于可塑型环境中，就可以实施愿景型战略。而且，由于公司及时行动和塑造市场的能力，市场对你来说就是可以预测的。你发现某种逐渐显现的大趋势时，就可以在另一家公司发现或行动前实施愿景型战略，比如当技术进步开启了行业重塑的可能性，或者当客户对当前行业内的主导产品越来越不满意时，新市场可能就会应运而生。

机遇开放与其他企业采取行动之间相隔很短，因此时机至关重要。成功的愿景型公司会利用机遇出现、认识并接受新机遇以及成熟公司采取行动这三个重要的时间差。对愿景型企业家来说，幸运的是，其他公司的行动通常都会被最初的质疑和结构性的惰性拖延。从需求方面看，时机也非常重要：太早，潜在客户可能还没做好接受新想法的准备；太晚，你就会被当成模仿者或跟随者。

我们的分析发现，很多公司领导者都宣称自己使用了愿景型战略，然而客观来说，能被称为可预测且有可塑性的环境越来越少。这种感觉与现实之间的差距表明领导者们可能高估了市场可延展的范围，以及愿景型战略适用的范围。

因此，我们要仔细观察三个显示某一行业到了关键时刻，可以使用愿景型战略的信号。第一个信号是逐渐明朗的重大趋势，也就是能够重塑市场，并且超过行业特定供需条件的重大结构性变化。世界人口的老龄化，中国、印度及其他快速发展经济体的中产阶层崛起都是例证。其他大趋势包括城市化、纳米技术、肥胖与节食、贫富差距扩大以及对事业机构信任的缺失等。[13] 第二个信号是新技术的出现，比如汽车和移动电话，这可能会提供全新的机会或打乱已有市场的机会。第三个信号是客户不满意之处以及现有市场无法满足的需求等。客户有时明确知道自己的要求，但更多的时候是潜意识里的——客户可能并没有清晰意识到自己缺少什么。

你可能已经知道的事

很多领导者会本能地将创业型新公司与愿景型战略联系在一起：年轻、小型、灵活的公司通常会创造新市场，或颠覆已有市场。然而，企业家的创业精神并非一直完全当作有效战略，因为它很少伴有成熟的规划技术。不过，20 世纪 90 年代早期，学者们开始仔细观察并了解企业家战略的相关性，因为更多的公司借由愈发快速的技术变革，获得迅速成功。

金伟灿与勒妮 · 莫博涅提出的蓝海战略能创造尚无竞争的市场空间。C. K. 普哈拉与加里 · 哈默尔所写的《竞争大未来》一书中，表明领导者们应该开发公司塑造未来的能力。克莱顿 · 克里斯坦森破坏–创新概念解释了有些公司如何通过简化产品和服务，打破成熟的行业，打造基础，打击成熟的主流竞争者，将其拖入利润缩减的行列。此外，波士顿咨询公司率先使用向标新立异者学习的技术，让大公司认识到并加入行业边缘潜在性破坏式创新行为。[14]

过去20年间，动荡不断加剧，大公司的商业模式所受风险也大幅增加。由于技术变革更快——在计算能力、连接性及移动性方面尤其如此——我们现在看到，众多小公司明显——大卫们——比以往更频繁地让现存的企业巨人们不安。如第三章所述，某一行业的领先公司在某一年失去领先地位的可能性比20世纪60年代早期的这一可能性高出三倍（见图3–4）。

低成本航空公司挑战长途航空公司、租车巨头，以全新的商业模式与汽车租赁公司竞争，而云储存公司可能会淘汰硬盘生产者。大型成熟公司尤其脆弱，因为它们很难在完全正确的时间集合力量，原因有以下三个：对现状的固执；规模巨大而带来的惰性；通过自己的主导逻辑过滤变革信号的固有趋势。然而，如果大型公司不采取行动，其他公司采取行动的可能就会逐渐增加，给大型公司带来打击。

但同时，如果大型公司能够克服自身惰性，就能拥有几项潜在优势，利用愿景式机遇：行动需要大量资金，快速扩大规模，此外面对可能的挫折时，坚持不懈以及丰富资源也是必要的。实际上，只要能够在正确的时间，运用恰当的胆量，资源丰富的大型公司可以发展成强大的愿景型企业。

在电商愿景上打赌的联合包裹服务公司

运用愿景型战略在行业重大变化中占领先机的一家大型企业就是联合包裹服务公司。联合包裹服务公司于1907年成立，最初为美国信使公司，现已成为美国最大的包裹投递公司。[15]同样，利用其规模及市场主导地位，通过经典型战略获得了成功（见第二章）。在1994年，甚至是在亚马逊网站诞生前，联合包裹服务公司就预见到连接性和数字化发展的趋势会激发电子商务的兴起，由此抓住了成为“全球电子商务促成者”的机遇。[16]

为了实现这一愿景，联合包裹服务公司大力投资，决定每年为所需要的信息技术系统花费10亿美元。[17]这项大胆的举措使该公司赢得了一些大型电子商务公司的业务。不出所料，该公司连续十年提高了运输量，每年增幅高达20%。同时，联合包裹服务公司还成了网上投递服务的优选品牌，因为它将领先的货运及追踪服务嵌入网站，大大方便了企业客户。在一份备受瞩目的协议中，联合包裹服务公司授权易趣用户直接接触公司运输选项，简化其运输包裹的程序——此前，这一直是客户之间拍卖的障碍。[18] 2000年时，这一颇有远见的战略带来的成果清晰明了：联合包裹服务公司所占美国电子商务运输市场的份额达60%。[19]

你是否处在愿景型商业环境中?

如果符合以下条件，则你正处在愿景型商业环境中：

√ 你所处的行业提供了空白区（没有竞争的）机会或颠覆条件已经成熟；

√ 你所处的行业可以通过单个公司（再）塑造；

√ 你所处的行业中其他公司都比较消沉；

√ 你所处的行业不能让客户满意或者不能满足客户需求；

√ 你所处的行业有高增长的潜力；

√ 创新在你所处的行业受制于监管壁垒。

愿景型战略的应用：实施战略

那么，公司应如何将设想、构建、坚持这三个因素付诸实践？正确做到这一点很难。事实上，八成企业家都没能重视这一难题。[20]

愿景型战略的制定完全是对最终目标的设想：新的机遇以及能抓住机遇的有价值主题。但愿景型战略仍需独特而连续的执行方法：魅力超凡的领导者以及鼓舞人心的愿景陈述是必需的，但尚不足够。愿景型战略的执行与三因素中的构建和坚持步骤相呼应，并且需要合适的信息、创新、组织、文化以及领导力支持对最终目标的快速建设，以免被人抢先一步。此外，灵活能力可以克服过程中遇到的障碍。

固定的目标与灵活的方式之间有一定差距，控制这种差距并非易事，这也是少数新公司无法在实践中解决的问题。我们的调查显示，95%倾向于使用愿景型战略的公司仍在使用详细的预测和规划，规划每一步骤，仿佛过程可以预先规划一样，这是典型的经典型战略，可能会导致执行方式的僵化。我们一起探讨如何将愿景与执行相结合。

实际上，凭空设想出从未被其他人尝试过，但可以让你的事业和公司发展壮大的目标或许能够改变一个行业。愿景型战略中没有小目标，但这正是制定愿景型战略的中心目标：设想公司义无反顾要追寻的最终目标。成功的步骤就是在正确的时机发现机遇、构建愿景及完成这一愿景的高级别规划，对这一愿景进行广泛宣传，使其获得市场认可。

发现机遇

构建愿景时，你需要在别人采取行动前，发现正在发展的机遇。有四种信号能标示出行业处于最关键的转折时期，它们也是愿景型战略的触发器，前面谈到了三种信号——大趋势、独立的突破性技术、客户的不满——此外，你所在行业的边缘企业，即那些潜在颠覆者的活动是第四种信号。重要的有两点：在别人之前发现每种信号；透过表面价值看到其中蕴含的可能性进而探索，不要被表像所迷惑。

你需要深入理解新趋势，并在恰当的时机涉足其中，或将诸多新趋势联系在一起，发现独立的机遇。23andMe就是如此，看到基因学和数字技术的新发展而找到了新的愿景，进而使以客户为动力的基因机会的出现成为可能。描绘趋势的关键在于设想现实的可能性，23andMe在为产品定价时，就先于经验曲线降价至100美元以下。[21]

超越信息的表面价值对发现潜藏在客户不满意之处或未被满足的需求中的机会也非常重要。为了探测不满的信号，你要经常超越现有产品或服务的主流趋势及满意指数，并关注先锋用户、不满意的用户、流失的用户，以及非用户。举例来说，你可以发现并关注市场边缘未受到良好服务的小型客户群体，或者更方便、更经济、更有效地服务现有需求的机会。重要的是，你不应该仅仅征求现有客户和雇员的意见，因为下一个大事件通常潜藏在非用户群体中。如苹果公司的创始人史蒂夫·乔布斯曾说："你不能问客户想要什么再去生产。等你刚做好，他们就想要别的了。"[22]

我们经常看到，公司在已占有市场的主流产品和服务中开发空白区获得成功。以Intuitive Surgical公司为例，该公司成立于1955年，是外科手术机器人生产商。[23]公司看到了未被发现的机会，为外科医生提供成熟的设备，帮助他们进行微创手术，以此保证病人的安全并降低成本。通过识别这种机会，解决之前未被解决的问题，Intuitive Surgical收获了呈指数级增长的业绩，年收入超过20亿美元。[24]

最后，对大型公司来说，密切关注行业边缘的小公司也很重要。相对较小的公司可能会做一些你未曾留意的事——如引入新技术、知道客户不满意的原因或了解某种新的大趋势等——因为它们不能与你轻易直接对抗。只看到大型、成熟以及知名度高的竞争公司只会更加强化你的固有信念。正是这些有新想法的小型公司才能让你从中学习，与之合作或在必要的情况下进行收购以获得愿景型机遇。通用汽车把每年购买或投资 10~20 个小型公司当作常规业务，以获得创新机会。[25] 稍后，本章将探讨如何识别并利用这些小公司。

建立愿景

找到机会后，你就需要创造应对机遇的愿景——清晰描绘生动、大胆的图画，说明自己要构建的事物。愿景通常不仅由新产品或服务构成，也需要新的业务模式进行全面拓展。商业模式创新是多种元素的变化，体现在服务客户与创造价值等方面。可能最佳的定义就是所有资产及公司各方面能力的再次协调组合，以得到具有颠覆性的价值定位。因此，商业模式创新需要巨大突破，并非服务、产品或经营方面的数量增长或个别变化（见图 4–2）。这一创新可能包括分配模式或收入模式或价值链足迹的变化，完全驾驭新技术，或者重新构建产品或服务的概念。正因如此，新愿景从根本上与大公司的经典型愿景说明不同，那些声明常常是公司现有业务模式朦胧而宽泛的确认。

对安妮 · 沃西基来说，创造新的公司形式这一机遇清晰明了。“我们做的事前所未有，”她说，“是我们先说‘我们不是医疗保健公司——我们完全跳出了现有的秩序’。”这种态度

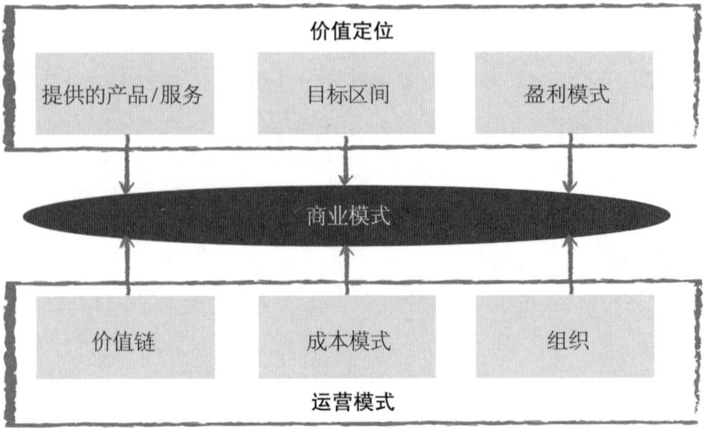

图 4–2　商业模式创新框架

资料来源：热尼亚·林德哈特，马丁·里夫斯，乔治·斯托克，麦克·戴姆勒：《商业模式创新：前进遇到困难时》，载《波士顿咨询公司视角》，2009 年 12 月

让她思考将以基因测试和起源为基础的产品与新经营模式的结合，形成以大数据、电子商务和以客户为中心的盈利模式。

草拟规划

由于愿景型战略需要固定的目标和灵活的方式以克服困难，达到目标，所以这种战略更像是长途路线图，允许沿途修改更正。根据定义，你是在探索未知区域，因此完全可以确定的是，过程中会遇到意料之外的障碍，让你不得不做出调整。所以，就算有些投资者需要，愿景型战略也不会依靠冗长的文件，详细说明财务和经营阶段性目标，因为那是经典型战略的表现。愿景型战略会设定高层次的目标，确保方向正确且朝着最终目标快速前进。

正如沃西基所说：“我的梦想一直都是最终目标：改变个人得到医疗保健的大环境——但我从未相信某种特定的路线能带我实现梦想。”尽管安妮说公司“需要‘规划’完成这一愿景”，她制定的规划可以进行多次修改，而且非常适合23andMe。沃西基说：“我们非常擅长在遇到多重困难或意料之外的机会时改变规划——比如，我们收到额外资金时，就会将（DNA测试的）价格降至99美元。我们改变了战略，从追求利润变为追求发展。”一直没有改变的是其愿景。

广泛交流你的愿景

最后，只有关键的客户和投资者接受，你的愿景才会实现。自然，愿景型战略可能会受到质疑，因为它代表了新事物，不仅不为人所知，甚至可能与经营业务、思考业务的惯用方式相矛盾。因此，执行战略的过程中，你需要沟通——甚至是过度沟通——说服客户购买，也说服投资者投资。你尤其应该与自己的员工和客户充分交流愿景，因为这两个群体会成为你的拥护者和品牌倡导者。最后，你应该庆祝初步成功，并广而告之，表明自己的愿景很有吸引力，可信度很高。

开发新市场意味着向未接受的人进行宣传，所以你需要投入时间和精力，鼓励并教育客户和投资者，包括为不知情的人制作个性化信息。“普通人只是不知道为什么要得到基因，”沃西基说，“所以，教育这些人，让他们对此感兴趣是我们遇到的第一个挑战。”

速度是关键：Mobiquity公司的战略制定

另一家采用愿景型战略的公司是美国的专业服务公司Mobiquity。该公司帮助其他公司驾驭移动技术——有时被称为“计算机发展史的第五次浪潮”（前四次分别为大型机、小型计算机、个人电脑及互联网个人电脑）。[26] 比尔·塞博尔以及斯科特·斯奈德发现机遇后，于2011年成立了Mobiquity公司。当时，其他公司还在为大型企业开发移动应用，少数几个公司还没有提供全面服务，尚未通过构建数据结构、业务流程以及支持平台，把移动科技与客户的商业模式完美融合。

Mobiquity在移动技术成为趋势之初就意识到了这一点。董事长及首席战略官斯奈德说：“我们意识到一种大趋势呼之欲出，这一趋势比企业高管们认为的更具变革性及创新性。”实际上，Mobiquity认为移动技术预算占

2015年全部信息技术预算的35%。[27]

斯奈德抵制住了常规战略的诱惑，因为“对每天实际发生的事来说，那样会起反作用，也太过限制”。相反，Mobiquity关注能够实现愿景的总体规划，而这一方式也经受住了时间的考验。斯奈德说：“我们制定的战略有90%至今未改，我们直到如今依然凭借它来经营公司。”斯奈德和塞博尔同样也注意交流愿景，这个举措从创建“无线创新委员会”开始。该委员会召集了包括通用汽车、万豪集团以及富达集团的几大公司以及如巴布森学院在内的研究机构，共同提高知名度及可信度。无线创新委员会创造了一种环境，让不同行业的战略决策者通力合作，发现新的创新机会。

速度是Mobiquity成功的关键。移动技术发展迅速，所以正如斯奈德所说：“我们不得不快速成立一家可以完成整场接力的公司。”公司通过“将艾迪欧（IDEO）等顶级设计公司与如IBM的整合技术相融合，并迅速扩大规模”的方式做到了这一点。这一理念结合了最佳的战略、设计、技术以及贯穿整个愿景执行的发展技能。当然，这样做的好处就是能够获得先发优势。“由于我们在竞争开始前一两年进入，所以可以提前知道未来的需求如何，也可以据此设计产品，接着和客户合作，实现目标。”为了保持领先，

Mobiquity设立了Mobiquity实验室，为快速试验及与客户合作创新创造了独特的环境。

两年之内，Mobiquity在全球开设了12家机构，客户多为名列《财富》1 000强的公司。其收入从500万美元增长至2 400万美元，之后由于其一系列出色表现而达到了4 000万美元。[28]

在易于塑造、可以预测的环境中模拟战略

在稳定或难以预测的环境中模拟经典型战略及适应型战略时，我们假设环境对某种特殊战略或企业是独立存在的。然而，有时公司会通过创造新的战略选择改变环境，比如通过空白区创新或提高现有选择的价值等。

为了反映这种环境，我们模拟了易于塑造的选择，在某一特定时间段公司投资这些战略时提高其价值。资源投资很高，但潜在收益也很高。

针对易于塑造的环境，最佳的战略是分析或者设想，这种战略在投资充足的情况下会获得最大收益。确定潜力最大的战略后，你需要坚持对其投资，进而获得收益（见图4–3）。这反映了愿景型领导者经过长时间深入探索后确定愿景并一心追求愿景的行为。

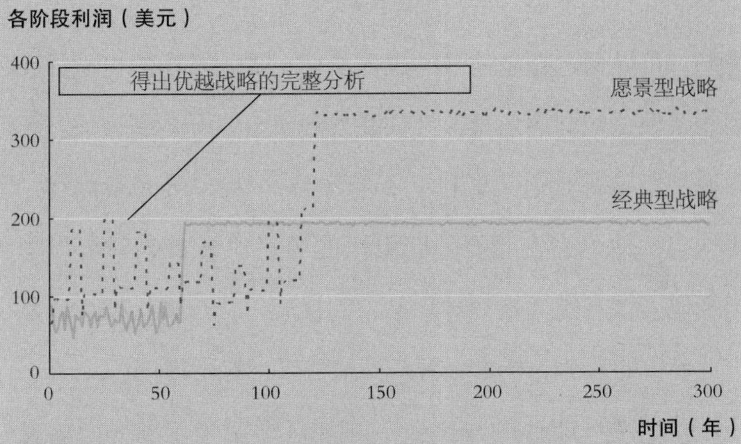

图 4–3　愿景型战略在易于塑造的环境中表现最佳（模拟）

资料来源：波士顿咨询公司战略智库MAB模拟机制

注：结果为在非竞争环境中超过 30 次模拟及 30 个投资选择的平均值。

愿景型战略的应用：实施战略

组织是实现愿景的载体，面对意外的困难要坚持灵活性，而且也要快速行动，保持领先地位。因此，组织的指导原则就是目标清晰、快速行动、方式灵活，从信息管理到组织结构再到领导力，指导原则贯穿始终。

信息

如之前讨论的，尽早发现新机遇并先于其他企业采取迅速而精准的行动是愿景型战略获得成功的重要因素。成功地运用信息，可以通过超越信号的表面价值，揭示其中的可能性，鼓励愿景型公司利用信息，寻找并发现机会，开创新市场。正如据说是汽车行业之父亨利·福特所说的话：“要是我问客户想要什么，他们会说想要一匹更快的马。”[29]因此，对愿景型公司来说，信息挑战是一种想象力的挑战，但这种挑战可以从现实世界中的趋势、技术、客户等信号寻得蛛丝马迹。

采用“可能会成为什么”的观点需要企业领导向后退一步，推翻自己对行业及公司的固有观点，克服现有视角中的盲点。同时，需要查看舒适区之外的信息——超越公司、国家、商业部门、客户以及普遍的知识——找到新的可能。有时，可能需要拉开自己与日常业务精神上（要么是物质上）的距离。在20世纪90年代中期，微软公司达到令人瞩目的高度时，比尔·盖茨也因为每年两个“思考周”而闻名。他会暂时放下家庭和朋友，思考有创意的新想法。[30]

老牌企业可能会发现拉开上述距离，并从新的角度看待所处行业尤其困难。大型公司可以开展搜寻独特活动，通过观察潜在颠覆者，看到行业未来的迹象——通过观察独特的公司——通常是处在行业边缘的小公司——可能正在与你的商业模式对抗。接着，你要找到那些公司的主要创意是什么，了解它们在哪些方面下赌注。之后，你要考虑的是如果它们的想法被证明是正确的话，你的公司将会如何应对。这样，你就可以决定自己对这些创新的回应：继续等待收集更多信息、忽略、复制、压制，还是将其买下。例如，Facebook（脸书）持续不断寻找行业边缘潜在的颠覆者，并问自己如果这些标新立异的事取得成功，会对自己的商业模式造成怎样的影响。有时，这一战略会带来新的产品或服务，有时则会带来大规模的业务收购，比如Instagram及Whatsapp等。[31]成功做到标新立异能帮助大型公司“行小事，保大体”。

尽管数字技术为新的愿景型战略带来了很多机会，但昂贵的信息技术系统却并非发现愿景型机遇的必要条件。丹尼斯·吉林斯通过咨询大型医药公司，得出了自己的观察结论；亚马逊网站的杰夫·贝索斯可能是阅读了一篇关于电子商务兴起的报告；而史蒂夫·乔布斯头脑中有一幅图景，制造一种将MP3（音乐播放器）与手机在触屏设备上结合的特殊产品。其他战略——尤其是适应型战略——通常需要强大的计算能力，筛选环境中微小变化的模式。尽管愿景型公司可能需要数据处理，但更重要的是透过显而易见的内容，寻找崭新的颠覆性见解。更确切地说，寻找未知与已知之间的矛盾贯穿着愿景型战略的初期阶段。

创新

由于愿景型战略创造了全新的市场现实，创新自然会在定义并实现愿景的过程中扮演着关键角色。为保证速度、集中资源，创新的努力一般都孤注一掷，而不是在零散的一组选择上花力气，对资源有限的小型公司来说尤其如此。有人问贝索斯打算在Kindle（电子书阅读器）项目上花费多少钱时，他回答说："我们一共才多少钱？"[32]

实现创新有三种主要方式：应用新技术、创新商业模式、将现有的能力从当前行业转移到另一个行业。

你可以发明新技术，也可以成为第一个应用新技术的人。纵观商业历史，很多成功的公司都是第一个使重大创新成为主流技术的公司：AT&T（美国电话电报公司）与电话；美国商用机器公司与个人电脑；雷明顿与QWERTY打字机等。最近的一个例子是，1999年，美国TiVo公司引进了第一台客户数字硬盘录像机（DVR），观众就此可以跳过广告或录制某一场演出。[33]由于TiVo公司处于先发位置，"TiVo"一词也成为时间转换数字硬盘录相机及播放器的代名词。

创新的第二种方式是开发新的商业模式，即换种方法将价值传递给客户。Zipcar公司是安特耶·丹尼尔森和罗宾·蔡斯于2000年创立的汽车共享服务公司，该公司就是一个很好的案例。两位创始人注意到，由于城市化的加剧及人们环保意识的加强，汽车持有率在下降，但尼尔森和蔡斯看到了开发租车新方式的机会。[34]

第三种创新方式是将自己的能力从一个行业转移到另一个行业，就像路易达孚集团所做的那样。该集团成立于1951年，其核心业务为农业产品。但1998年时，该集团涉及电子通信基础建设业务，与成熟的行业领导企业法国电信公司竞争。路易达孚集团在电子通信行业没有经验，但其在动荡的商品业务中获得的知识让其看到了缺乏管控的通信市场的兴旺循环。公司利用这一能力，选择了正确时机，投资基础设施，之后通过转移资产获得了经营利润。[35]

组织

愿景型公司必须快速传达愿景，坚持目标，但在克服未知的困难时也要灵活。随着愿景的逐渐成熟，最终公司将为下一种战略制定要求。为保证以目标为中心的同时避免僵化，愿景型公司将自上而下的方向与灵活非正式的组织相结合，简化繁冗的规则与程序。随着愿景的成熟，为了扩大规模并实现专业化，公司最终会为新的战略提出组织性要求。

上层制定的清晰的指导原则和明确的方向有助于愿景型公司形成凝聚力。Mobiquity很快就学会了这一点。一开始公司没有明确说明其方向或个人角色与责任，而且很多人都试图自己掌控公司的发展方向。“一年后，”斯奈德回忆说，“我们意识到自己雇用了最好的员工，但我们之前聘用了17位首席执行官。就像2008年丢掉金牌的美国奥林匹克篮球队一样：最好的运动员、错误的团队、太多的领导者。我们需要以公司为先的员工。”斯奈德重塑了领导团队，之后Mobiquity获得了发展。他制定了更为集中的战略，因此无论客户总部位于亚特兰大、阿姆斯特丹还是艾哈迈达巴德，都可以享受到统一化的服务。“我们必须先找到正确的方式，再以不同地区业务部门独自运营的方式扩大规模。”换言之，愿景型公司在组织水平和多样性方面不需要与适应型公司持平，因为愿景型公司的发展方向是提前预设好的。

明确发展方向非常重要，但在企业前进的过程中，只有长远目标是确定不变的。因而，公司在短期需要灵活性，以快速发现并克服意料之外的障碍。正如贝索斯所言：“我们不会把目光都放在下一季度上，我们关注的是如何做才能对客户有利。”[36] 为了获得短期的灵活性，愿景型公司通常并不特别正式，会灵活分配资源并简化烦琐的经营步骤和专业分工。它们拥有跨职能团队，鼓励上层管理者和车间工人直接交流，快速实现战略决策并迅速执行。这意味着愿景型公司无须遵照经典型公司那一套为提高效率而设置的具体运营流程，也不必保持执行的一致性。

这种思维转换对意欲使用愿景型战略的大型公司虽尤为困难但极其重要。对这些企业来说，把那些已形成思维定式的运营方式转换成有利于愿景型战略的非正式、灵活的运营方式不是件容易的事。本书之后的章节将提到，大型公司因此需要从核心业务中分化出愿景单元。

战略制定的过程中，愿景型战略往往是起点而非终点，如昆泰公司最终过渡到了采用一个更为经典型的战略。因此，成功的愿景型企业领导会制定下一步所需的战略，并逐渐将之引入组织内，通常转向为更为经典型的战略及执行方式。愿景型公司在逐渐成长壮大并日臻成熟的过程中，其非正式性及自上而下关注单一目标的特质最终会限制自身发展，因此最终转向另一战略很有必要。“规模和时间会带来变化，”沃西基解释说，“我们有 140 位员工，预算（比刚成立的时候）更多，而我们（现在）有懂管理的员工！公司刚成立时，没有过多的管理是好事。但一段时间后，人们需要成熟和秩序。”

文化

愿景型文化与组织结构的影响一致，包括清晰的方向感和一定程度的灵活性，这样既能保证企业发展的速度，也能令企业克服途中遇到的困难。最重要的是，该文化鼓励员工们追寻其他人可能尚未发觉的事物，带有“我们与整个世界对抗”的暗示。这种文化将精力放在愿景的实现上，并点燃个人的激情和创造力，加速进程。愿景型文化以愿景为指导，愿景相当于文化的北极星。沃西基说：“我喜欢公司蕴含的潜力。这听上去似乎显得有些陈词滥调，但适用于我们公司和很多其他新公司：如果我们能成功，23andMe将真正改变世界。”在这种使命的指导下，员工不仅使其内化为工作信条，并且成为品牌或产品大使：理想情况下，愿景型公司的员工才是其最大的支持团体。文化同样需要鼓励个人首创精神，加速愿景的实现，而这种鼓舞人心的文化可以成为强有力的招募工具。正如沃西基所说：“我需要创造这样一种文化，能够吸引……具有雄才大略的人进入我们公司，在非常需要技巧的领域做出关键的决定。”

最后，随着愿景日臻成熟，企业要朝着另一种战略转变其文化思维。例如，企业可以秉承适应型或经典型精神，更趋于外向型或者更为系统化。

领导

成功的企业领导在实施愿景型战略时会自始至终执行设想、构建、坚持这一动态过程：你可能会有灵光一现的瞬间，以此找到清晰的方向。你是星星之火的传播者，同时也是守护者；你建立传递这种愿景的组织，传达最终目标，并庆祝每一次阶段性成功。通过这种方式，你会坚定地努力——不断坚定信心——实现愿景。“我相信，成功的企业家与失败的企业家有一半的差距纯粹都在坚持上。”史蒂夫·乔布斯说。[37] 最后，你需要带领公司克服重重困难，在愿景实现后，进行必要的过渡，实施另一种战略。

幸运的是，魅力及热情对愿景型领导者来说很少是挑战：他们通常是很实际的梦想家。“我看到自己作为愿景型战略家，试图率先进入某一并不存在的领域，”沃西基说，“我一直都是那种不怕失业不怕失败的人。我接受风险存在的事实——但对我来说，生命中最糟糕的事就是接受现状。只是坐在那里说：‘医保系统就是这样。’我宁可将自己的时间和精力投入改变这一切中……而那些消极的人会说：‘我能接受不完善的体系。’”

最后，企业领导必须意识到什么时候要进行战略转变。正如之前讨论的，有益于成功实施愿景型战略的商业环境很少能持续很久。我们看到昆泰公司已经从愿景型战略转换成了经典型战略。其创立者吉林斯反思了这种转变之后说，愿景型公司需要随着公司的成熟逐渐系统化：“正如随着我们行业的发展，你会看到我称之为愿景型战略的系统化。”

很少有人能将这些有差异的特点相结合。但能做到的人就能够做好准备，颠覆自己的公司以及所处的行业。

你的行为是否符合愿景型战略?

如果做到以下各项，则你的战略为愿景型战略：

√ 你观察到行业中现实存在的差距；

√ 你设计了公司未来的愿景；

√ 你为了最终愿景，构建了高阶规划；

√ 你坚持实现自己的愿景；

√ 你灵活应对过程中的困难。

技巧与陷阱

如本章内容一样，愿景型战略成功的关键是，在别人行动前，成为第一个发现并把握新机遇的人，建立实现这一愿景的商业模式，并在面对不可避免的障碍时坚持灵活性。但正如我们讨论过的，80%的创业者会失败——而原因并不仅仅是商业构思不好。

我们的调查显示，无论实际衡量的条件如何，赞同商业环境是愿景型的人员最多。调查揭示了一种认知偏误：人们倾向于高估环境的可塑性和可预测性。而且，据企业报告显示，不管其对外宣称的是何种战略或者现实条件如何，愿景型战略仍是最常使用的战略。这种理想与现实的冲突可能反映出同样的偏误，以及人们对愿景型战略的高度熟悉。

表 4–1 列出了一些选择并应用愿景型战略时，你可能会遇到的技巧与陷阱。

表 4–1　技巧与陷阱：愿景型战略主要的成功因素及失败因素

技巧	陷阱
• 明白时机即生命：利用所处行业或市场发展的转折点。不要过早或太晚行动，要在其他人之前发现并实践新机会。 • 创造大胆的愿景：超越公司或客户现在的世界观，设想截然不同而且更好的新方式经营业务，做到革命性（而非渐进式）。 • 成为第一，保持第一：在成王败寇的竞争中，第二名会一无所获，尤其在网络影响及利益相关方涉及其中的业务领域。 • 目标清晰，方式灵活：短期战略要灵活，追求长期目标，解决意料之外的难题。 • 沟通、沟通，再沟通：你的愿景是革新的，你需要告诉人们自己的愿景，并鼓舞他们。只有如此，员工才会为你工作，投资者才会为你投资，客户才会购买你提供的东西。	• 混淆详细的规划与清晰的方向：详细的规划与清晰的方向相配合。你应该在过程中调整规划。唯一要坚持的是愿景。 • 追求虚妄的愿景：公司或创立者信奉转瞬即逝的潮流或执迷于一种构思，而非恰当的机遇。你会下大赌注，所以要尽量确定自己可以成功。 • 渐进主义：没有愿景型领导者靠循序渐进改变世界。公司要想采取这种大胆的战略，必须有令人叹服的愿景。 • 行动缓慢：每家公司都需要过程——但要避免过度的官僚主义程序影响你成为第一或保持第一。短期内，要寻找重视发展而非利润的投资者。 • 没有说服力：构思愿景与说服人们相信其力量是两件事。未能成功将严谨的价值定位灌输给同事、客户和投资者的公司不会受到关注。 • 永远心怀愿景：愿景型战略只在公司生命周期内适用。一旦业务成型，公司可能需要采取其他能够保持竞争优势的战略。

（续表）

技巧	陷阱
• 设定下一次竞争：如果你成功了，就会成为市场的领导者，最终也需要不同的战略。确保自己已经准备好进行战略转型。 • 志存高远，脚踏实地：平衡理想与现实很难，但非常必要。心怀鸿鹄之志，也要注意细节。	• 知觉偏差：小心不要高估环境的易塑性及可预测性。只能在小心地观察确认后使用愿景型战略。 • 有远见的主张：领导者们总倾向于轻易使用愿景一词。小心不要将愿景当作花言巧语，应将其当作一种恰当的战略选择。

第五章

塑造型战略：协调

诺和诺德：通过塑造型战略获得成功

1923年，奥古斯特·克罗作为创建者之一在丹麦创建了诺和诺德制药公司。那时他怎么也不会想到公司会对中国规模庞大、兴旺繁荣的胰岛素市场发挥重要作用。诺和诺德占据了当今中国胰岛素市场60%的份额。[1]

20世纪90年代，诺和诺德开始在中国经营胰岛素业务。当时，糖尿病还未威胁到广大人群，治疗药物市场也尚未健全。公司首席执行官拉尔斯·所罗森表示尽早进入市场很重要："我们很早就进入中国市场了；我们属于最早一批在中国成立独资企业的国际制药公司。"[2]诺和诺德当初进入中国市场时，人们对糖尿病的防患意识还很低，治疗手段尚未建立，也没有受过教育的医疗团队能够同诺和诺德一起共同抗击糖尿病。据称，那时中国有2.5%的人都受到糖尿病的折磨，但真正被诊断出来的人数并不多；当今，大约1/10的中国人（约9 900万）被确诊患有这种慢性疾病。[3]

所罗森表示："一开始，诺和诺德尝试与当地制药公司共同合作，打开中国市场。但是我们发现，那些公司资金匮乏，技术落后。"

公司转而寻求其他合伙人，共同努力教育医生、病人、医疗监管机构，提高对糖尿病的防治意识并率先尝试治疗。

诺和诺德在医师教育领域投入了大笔资金，并在医疗领域——其中有潜在的客户和信息传播者——普及糖尿病的威胁以及可能的治疗途径。所罗森与中国卫生部和世界糖尿病基金会建立了合作关系。[4]另外，诺和诺德还开展"治疗糖尿病爱心大巴"进乡村项目，对那些在边远农村的医生进行教育。诺和诺德举办了超过20万场培训大会和交流大会，以改进检查、治疗以及患者教育。[5]

所罗森说："同医生及管理者合作非常重要。我们到世界上每个地方要做的第一件事就是与当地政府建立合作关系，给它们解释糖尿病这种疾病，指出它们所存在的问题，并且对整个公共医疗部门进行普及教育。到目前为止，我们已向5万到6万名中国医护人员普及有关糖尿病的知识。因此也可以说，教育就是我们在中国的营销手段。"[6]

另外，诺和诺德深入患者群体，加深基层民众对糖尿病的了解。公司还创造性地组建了一个名为诺和健康俱乐部的后援团。这个俱乐部拥有超过 90 万会员，重新定义了制药公司所扮演的角色——制药公司不仅仅是胰岛素提供者，还是医疗领域的合作者，在饮食、生活方式、医疗器械等方面提供帮助。[7]

最终，诺和诺德与政府通力合作，在当地社区进行了投资。1995 年，公司在中国开设了首家生产基地；2002 年，诺和诺德在中国建立了研发中心，这是中国首个由跨国制药公司建立起来的研发中心。[8]所罗森表示，通过同政府和中国糖尿病学会紧密合作，诺德有机会帮助制定一套全国通用的治疗标准方案。

通过这些合作，诺德提高了人们对糖尿病的意识，并帮助合作创立了糖尿病治疗标准。在此过程中也获得了市场领先地位。

截至 2010 年，在中国的糖尿病治疗市场中，诺德所占的市场份额是其最大竞争者的两倍。预计到 2025 年，中国的糖尿病患者数量还将增多一倍。[9]

所罗森解释了他的公司在一个新兴市场是如何运用塑造性战略的。他说：“我们在新兴市场采用的战略一模一样……基本步骤就是最初先与当地卫生部门、糖尿病协会和患者协会建立起合作关系，接着开始对医生普及糖尿病知识。这意味着一旦他们开始诊断糖尿病病人，就可以进行治疗。我们教他们怎样治疗病人，他们最终就会买我们的产品。这是一个非常简单的模式。”[10]

塑造型战略：核心理念

像诺和诺德一样，有时候你能够获得绝佳的机会来塑造或重塑一个处于发展初期的行业。此时行规尚未成文，行业有机会发展壮大，变得足具吸引力，而且对你有利。这样的机会允许，也要求你与他人合作，因为你无法独自塑造一个行业——你需要他人与你共同承担风险，在内在能力与资源方面形成互补，并迅速建立市场。由于塑造型公司处于产业发展的初级阶段，需要多个它必须影响却无法控制的利益相关方，因此这类公司处于高度无法预测的环境之中。

在这种高度可塑又无法预测的环境中，企业想要成功，就得让其他利益相关方参与其中，在合适的时机达成一致目标，创建出一个能够运用影响力发挥指导作用的平台，最终通过增大规模、保持灵活性将这个平台升级。（见图 5–1）

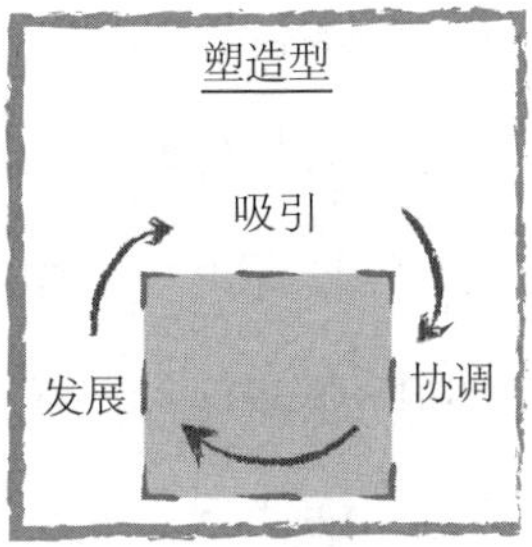

图 5–1　塑造型战略

借用之前的艺术比喻来说，塑造型战略就像请多位艺术家协助创作一幅大型壁画。你必须让他们参与其中，统一意见；另外，为了避免混乱，运用你的影响力协调各位画家通力合作。你需要不断协调其他画家的创造力，按照你的意愿完成画作。

塑造型战略如果运用到位，就能带来极其丰硕的成果：许多企业（或是利益相关方）在塑造型企业的协调下共同创造出新的市场。与后进入市场的企业相比，这些塑造市场的企业占有更大的市场份额。由于先进入市场的企业背景各不相同，它们的通力合作使得市场创新的成本降低，速度加快，而且不利于单个企业单打独斗。除此之外，这套企业合作系统发展得很快，而且能够快速应对改变。此外，得益于强大的锁住效应和网络效应，这套合作商业系统异常强大。除此之外，整个市场通常只能容纳一家协调型企业和一套合作系统。

因为塑造型企业所处的环境无法预测，所以塑造型战略与适应型战略有一些共性，即新行业的动态无法完全预测，会以不断重复的方式向前演进。但是像愿景型企业一样，塑造型企业认为环境是可塑造的，并且寻求机会定义或重新定义一个产业，用更好的方式解决新问题或现存问题。然而，由于要做的工作范围宽广且无法预测，塑造型企业会与其他利益相关方共同合作创建新的市场，而非单枪匹马，独自上阵。

即使许多企业都渴望扮演塑造者的角色，但它们中多数没有实力，也鲜有机会在行业的演进过程中扮演核心角色获取更多利润。

你可能已经知道的事

企业能够通过与外界各方合作竞争获得成功的概念有其渊源，即生态学思想。共生、组织间的互利关系等概念都来源于此。20 世纪 60 年代，布鲁斯 · 亨德森已经把自然领域和商业领域的竞争进行了对比。近年来，复杂适应系统理论已探索出这种动态合作系统的运行和演变方式。[11]

涉众管理理论，即在制定商业战略时将外在利益相关方考虑在内的概念，产生于 20 世纪 80 年代。一开始，这个概念强调的是企业行动产生的广泛影响，而非关注市场的协同发展。[12]

20世纪90年代初，运用“解构”商业模型的高新技术企业越来越多。所谓“解构”，就是一家公司协调许多其他企业进行各项工作。连通性高、交易成本低等特点愈加增强了这一趋势。詹姆斯·摩尔及后来的马可·拉尼斯提和西蒙·勒文等商业理论学家提出了商业生态系统的概念：一组企业可以从互利的共同演变中获利。同一时期，亚当·布兰登勃格和巴里·纳尔巴夫提出共同经营理论。根据这个理论，企业有时需要与潜在竞争者相互合作，而非只与那些同自己不在一个圈子、在价值链上没有直接关系的企业合作。[13]

1999年，波士顿咨询公司的菲利普·伊万和汤姆·沃斯特在他们的合著《数字迷城》一书中，探索了新兴的信息经济重新定义企业及其客户、供应商和雇员之间关系的方式。

在这本书中，作者提出在技术变化日新月异的行业中竞争的新模型，其中包括“协调者”模型，这也是塑造型战略的核心理念。后来，波士顿咨询公司详细阐述了在某些情况下，系统优势战略和塑造型战略可以替代经典型规模战略和以定位为基础的战略。[14]

亨利·切萨布鲁夫是开放式创新概念的创始人之一，这个概念倡导在创新过程中，汇聚外部的想法和参与者，共享资源和风险。2004年，普拉哈拉德和文卡特·拉马斯瓦米介绍了企业及其客户之间共同创造产品的概念，他们认为创造价值的活动正加速向经典型的企业范围之外转移。[15]

什么时候采取塑造型战略

当有机会在某个产业演变初期定义或是重新定义产业规则时，企业应采取塑造型战略。这种情况适用于高度分化、年轻、动态性强的产业，刚陷入混乱的产业及新兴市场。在这些产业中，塑造型战略能够刺激需求、构建满足需求的经济基础设施，并且随着市场发展削减政策及其他方面带来的不利影响。不断加快的技术变革以及全球一体化使得这样的机会更加普遍。

如果企业有足够勇气试着塑造新兴或不久前被颠覆、动态性很强的行业（比如软件、互联网服务业），这样的行业能够给企业带来巨大的积极影响。这样的机会本就无法预测：没有人能拍着胸脯预测Fackbook或是水力压裂技术（开采页岩气）所塑造的市场规模、增长速度、盈利大小。另外，这类产业具有可塑性：市场准入门槛低，对管理者来说产品是全新的，哪家企业或哪种商业模型能领先也是未知数。颠覆式创新也具有同样的效果，即把一个之前稳定、不可塑的产业推到一个不可预测、可塑的新阶段。

像中国和印度这样的新兴市场同样具有不可预测和可塑的特点。在那里，企业都处于发展初期，监管规定发展不健全，占主导地位的企业很少，增长迅速。我们的分析表明，新兴市场的不可预测性和可塑性是成熟市场的两倍。新兴市场很大程度上依赖出口和外商直接投资。大宗商品价格变动和汇率波动，人口流动及需求模式、管理方式变更，竞争方法变化以及高增长率都会影响到新兴市场（见图 5–2）。

在这些年轻的产业和经济体中，通常没有一家占主导地位的企业能够独自提供资源并应对危机、占领市场。另外，由于新兴市场的产品需求通常不明朗，或变化过快，因此一家企业难以轻易管理起整个市场。最后，企业可能需要与一系列广泛的利益相关方进行交流，因为市场发展依赖于塑造规则或者教育客户。

因此，成功之道就是要与多个利益相关方共同开发市场和产业。

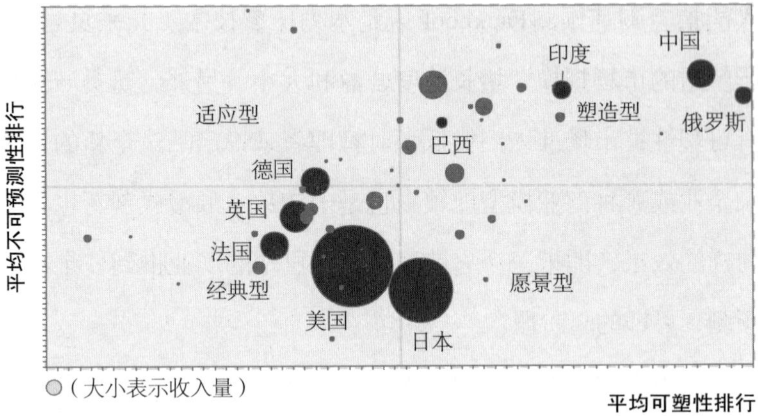

图 5–2　新兴市场比发展成熟的市场更可塑，更加难以预测

资料来源：Compustat 数据库，世界银行经济数据，波士顿咨询公司分析

注：一国行业环境的未加权平均值；利用一项增长综合指数，通过市场资本化波动和可塑性、规模效应以及产业细分来衡量不确定度。

拿移动电话生态系统来说，安卓和苹果操作系统（iOS）之所以对客户来说更具吸引力，是因为谷歌和苹果在智能手机发展初期，以一种双赢的方式邀请外在开发商开发它们的平台。当时的竞争对手诺基亚却被其陈旧的软件架构所束缚。在安卓和iOS系统出现之前，虽然绝大多数主流移动手机公司都使用塞班平台，但这个平台缺少架构灵活性，也不具备能够迅速创造出多种应用的基础设施，也就是应用商店。[16] 相反，苹果应用商店却成为当今最具活力的应用中心——许多应用开发商（包括愤怒的小鸟和糖果粉碎传奇的开发商）都参与了苹果应用的开发。[17] 诺基亚前首席执行官斯蒂芬 · 埃洛普在评论竞争情况时说："我们的竞争对手并非利用设备赢得市场份额，而是利用整个生态系统赢得市场份额。”[18] 自那以后，诺基亚进行改造：退出移动设备市场，专注于开展网络用具、技术授权、智能定位等领域的工作。[19]

那么，不可预测但可塑的环境的衡量标准是什么呢？预测准确性有限、市值有跌有涨、收入时高时低、竞争地位时有变化——这些是不可预测性的特征。规模效益有限或减小、增长率高、处于领导地位的企业匮乏、规则处于萌芽状态或不断变化——这些则是可塑性的特征。

由于技术变化加快、全球联系增强、贸易自由化、人口迁移创造出新的客户需求等原因，可塑性情况不断增加。然而，若想采用塑造型战略，外界环境条件只是要考虑的因素之一，还有其他两项因素至关重要：时机和协调能力。塑造型战略实施者要能够抓住市场发展初期或是现行市场即将瓦解时的转折点。另外，企业必须拥有足够的影响力吸引其他实力强大的利益相关方加入整个生态系统。大多数企业没有足够强大的影响力扮演领导者的角色，这也部分解释了为何与其他战略相比，塑造型战略成功的情况更为少见。

举个例子，如果企业想获得足够的影响力，它可以进行大刀阔斧的创新使自己跻身生态系统的中心地位。就像苹果创造iTunes（iOS设备管理工具）平台一样。或者，企业也可以通过知识或规模优势获得影响力。诺和诺德中国公司就是例子；

或者，企业可以像Facebook一样控制主流互动平台；再者，企业可以充当联系分散客户或供应商的节点，就像利丰集团一样，扮演产业链协调者的角色。

缺乏影响力的企业无法在塑造型战略中扮演领导地位。但这并不意味着不能在一个生态系统中扮演其他角色：许多企业通过参与到其他公司的生态系统中，利用适应型或是经典型战略打造了同样具有吸引力的生意。例如，Zynga、Playfish、Playdom这三家企业都是作为应用开发商加入Facebook平台成就了数百万美元的生意。[20]

为何生态系统至关重要：以红帽公司（Red Hat）为例

软件提供商红帽公司协调开发了基于Linux（一款操作系统）语言的开源软件，从而创造了10亿美元的市值。[21] 该公司支持与外界开发商共同开发软件，参与到企业团体当中，并提供免费软件专业升级版收费服务，从而获得投资利润。

开源软件本质上是免费提供给客户的，而红帽公司也没有直接控制资源，那么它是如何成为如此成功的企业呢？一开始，红帽就有着一个清晰的合作型理念："要做客户、赞助者、合作方群体的催化剂，以资源开放的方式创造出更好的技术。”[22]

红帽常常与外界合作方深入共事。公司做事无时无刻不考虑到对利益相关方，尤其是软件开发商所造成的影响。红帽总裁、首席执行官吉姆·怀特赫斯特（Jim Whitehurst）解释了发展并维持共赢的重要性：

“每当要做些改变的时候……我们会与系统内所有人进行深入的交流和协商。”在系统里担当协调者须无私奉献，以赢得其他利益相关方的信任和好感。“我们在Linux里添加了很多与我们没有直接关系的元素——事实上，在所有我们参与的开源社区中，我们是最大的贡献者。这个选择是我们自愿做出的，因为这是做生态系统贡献者必须要实践并珍惜的。”

通过担任整个系统负责任的贡献者和协调者，红帽逐渐扩大了影响力和认可度，其提供的服务也获得收益。怀特赫斯特再次强调：“我们的战略始终围绕着生态系统，规模是我们获得上游信任的固有优势。然后，我们努力构建自身的下游商务系统，主要围绕独特开源技术版本。”例如，红帽的软件证明项目保证来自像思爱普（SAP）、甲骨文（Oracle）和IBM等这类公司的主要应用能够在红帽的开源产品上运行，这样就有效地将红帽树立为企业数据中心行业内Linux的行业标准。通过其对开源项目的巨大贡献，红帽可以对开源产业的发展方向施加影响力。同时，由于开源社区及其客户信任并认为红帽品牌有价值，红帽得以开拓了一条通过企业级版本、认证服务、客服和软件维护获得利益的道路。

另一方面，红帽不会尝试在其缺乏足够影响力的市场采用塑造型战略。换言之，公司谨慎选择塑造型战略的适用产业。怀特赫斯特解释说："核心问题是，我们是否可以创建一个能够取得成功的竞争环境。问题不在于执行或是遵守规则，而在于制定规则。"如果没有影响力，那么塑造型战略将会失败。他还说："如果规则对我们不利，那么我们将放弃这个产业部门，或是改进技术，盲目拼命是没有用的。"

红帽公司扮演协调者角色带来的效益非常显著。公司相信自己比起经典型闭源竞争者（如思爱普和甲骨文），在开发、启动并调整软件方面速度更快。随着塑造型战略的成功，红帽公司的股价已从2009年的8美元跃升至2014年的59美元：红帽也是第一家年收入超过10亿美元的开源式软件公司。[23]

塑造型战略的应用：制定战略

有效利用塑造型战略知易行难，部分原因是这种战略对于大多数企业来说闻所未闻。企业在运用这个概念时比较随意，夸大了商业环境的可塑性，并采取与实际塑造型战略不一致的行为。例如，我们发现大约有 2/3 打算采用塑造型战略的企业仍然制定详尽的长期业务预测，而这是经典型战略的惯用方法。另外，只有不到半数的企业认为它们的成功依赖于与其他公司合作，仅有 1/3 的企业积极尝试通过影响规则改变外部环境。很明显，企业需要对具有挑战性，然而威力巨大的塑造型战略进行深入的了解。

你是否处于塑造型商业环境中?

如果以下判断属实，那么你就处于塑造型商业环境中：

√ 行业拥有尚未开发的潜力；

√ 行业可以通过合作进行塑造；

√ 行业规则可以塑造；

√ 行业内没有占领先地位的企业或平台。

同适应型战略一样，塑造型战略从本质上说由参与、协调、生态系统演化这三个元素不断重复组成。因此，战略的制定和执行阶段没有清晰的界线，这一点与经典型战略不同。因此，这三个元素应当深刻蕴含在企业间和企业内的结构及运营机制中。

制定塑造型战略一开始就需要让外界利益相关方参与其中，对行业发展形成共同理念。接着，协调者构建并运营一个能够将所有参与者团结在一起的平台。这个平台允许协调者施加影响力，从整个生态系统中创造并汲取价值。最后，协调者通过扩大规模和涉足领域升级平台和生态系统，使其在外界发生变化的情况下也能保持灵活性。

让他人参与其中

使用塑造型战略带来的好处主要来自于其他实力强大的成员的资源和实力。因此，协调者必须在制定战略时让其他成员参与其中。协调者需要树立一种合作理念，确认最佳利益相关方，并使其认同这个理念；理解并包容这些利益相关方的利益，在合适的时机启动生态系统。

创造一个塑造型愿景

塑造型愿景概括了生态系统中潜在合作者们一起解决问题

如何优于企业单干；这些合作企业如何能够刺激需求并构建经济基础设施满足需求，同时清除可能存在的障碍，例如随着市场发展而出现的监管壁垒。这个理念必须照顾到多边利益，可以通过与利益相关方反复讨论，也可以由充当协调的企业内部决定。

塑造型愿景需要与其他利益相关方实现共赢，且应当预料到协调者需要分享资源，不要期待立即就能获得回报。具备这种合作的品质能够建立信任、好感及影响力——这些优势在以后能带来好处。在理想情况下，资源共享花费的成本有限，以诺和诺德的例子来说：所罗森的公司与中国医院和管理机构分享其已有的糖尿病治疗知识，从而寻求未来的合作机会，最终让中方订购自己的药品。

塑造型愿景可以独自创立，也可以通过合作创立。例如，诺和诺德先独自创立了塑造型愿景，然后让利益相关方加入；而红帽的理念是与软件开发商团体反复交流形成的。不论如何，塑造者应该把理念的塑造当作与生态系统中所有参与者不断交流的结果，因为有时很难优先处理外界各方的利益，而且这些利益会不断演变。例如，Facebook 自 2007 年创办以来，多次改变外部发展平台的规则以适应开发商不断变化的利益。[24]经典型战略经常被称作竞争型战略：成功的经典型企业把主要力量集中在超越竞争对手上。相反，塑造型战略本质上是协作。事实上，如果塑造型战略成功了，那么不必太过担心竞争，因为生态系统结构本身具有强大的网络效应；参与者越多，系统的价值对参与者来说就越高。

塑造型愿景并不设定一个明确的最终状态或是最终产品规格，而是将生态系统的共同价值定位细化：怎样创造价值以及怎样分配价值（如图 5–3）。这与愿景型战略的理念不同，愿景型战略本质上须设定具体成果。苹果应用商店 2014 年最流行的应用是《妖精之剑》而非 2008 年最流行的《锦鲤池塘》，这对苹果公司来说无关紧要。而苹果正是 2008 年启动苹果应用商店，将生态系统理念付诸实践的。[25] 对于苹果来说，真正重

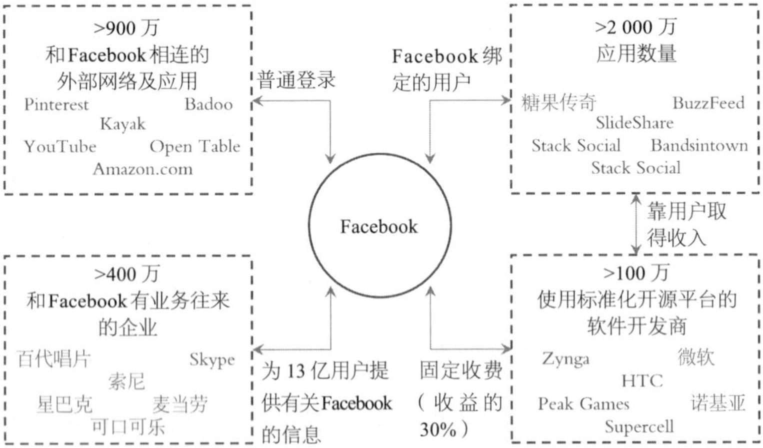

图 5–3　Facebook 的外部应用及网络生态系统

资料来源：Facebook 年度报告；“流动的 Facebook：友谊的价值”，载《经济学人》，2012.2.4；Appdata.com；波士顿咨询公司分析

要的是系统本身，而非某个具体应用。因为系统只有对于开发商和用户来说具有足够吸引力，苹果公司才能够从中获利。有几家成功应用塑造型战略的企业强调说，经营一个生态系统是催化出有效的市场机制，而非“经营”某个特定的结果。

确认利益相关方并理解他们的利益

到这里，我们已强调过与众多利益相关方合作的重要性。但这就引起了一个问题——谁才是利益相关方？你需要谁的资源和才智？在诺和诺德等某些案例中，利益相关方可以毫不费力地提前确认。但有时确认不了，或确认的结果并不正确。如果你的平台吸引力取决于其所提供的产品种类和动态，那么你需要广撒网。如果你正在开发一个新的市场，那么你就需要关键的意见领袖、生产替代产品的企业、客户，有时甚至包括竞争者（谷歌地图是苹果应用商店最受欢迎的应用之一）。

应该把系统整体与系统内利益相关方的利益协调起来。因此，起协调作用的企业应该规划好相关方的利益与潜在生态系统的协调方式、贡献模式，以及它们可能相互影响的途径。

利益相关方对获得你的客户源、品牌或是知识产权感兴趣吗？它们想要利用你的企业规模或是资源吗？

在恰当的时机发起合作

最后，时机很关键。行动过早，市场情况可能不够有利，无法说服合作者加入；行动较迟，那么有可能其他协调者的平台已取得领导地位，已获得了潜在网络效应和锁入效应，这时再想迎头赶上就不现实了。

协调

要协调众多截然不同、时常变动的合作方就需要构建平台，并保证平台的顺利运营。这个平台能够锁住利益相关方并促进它们相互交流，获取利益，并提供能使塑造者施加影响力的中心点。让我们具体来看一下操作步骤。

构建平台

建立平台的首要目的是促进生态系统参与者之间，或参与者与客户之间的直接交流。因此，理想的平台会降低利益相关者的交易成本和协调者的管理成本。一个较大的生态系统则由于其内部的复杂性而无法实现以上优势。成功的平台常常为参与者提供反馈，使它们无须接受来自协调者直接、详细的指令就能实现自我调节。最后，良好的平台通过发挥网络效应增值，让利益相关方不至于离开，竞争对手也无法构建能与之对抗的生态系统。我们有多少人愿意放弃手中的应用和相应数据而换个新的智能手机系统?

基于以上原因，平台通常是个促进低成本交流并提供即时市场反馈的（数字）市场。我们再回头看看熟悉的例子：苹果应用商店——开发商根据客户最迫切需求的题材开发软件；用户根据使用感受给应用的质量打分，并“通过他们的手指投票”。开发商得到反馈，并获得相应回报，但是它们无法轻易地把自己的应用移植到另一个平台中，因为应用是为iOS操作系统专门设计的。

不过平台也可以采用不同的形式，既可以采用非数字化的形式，也可以采用非市场化的形式，就像诺和诺德为监管者和医生组织的会议，或是红帽费多拉（Fedora）的电子化分配渠道。另外，还可以组建一系列契约标准，列清合作者的参与规则，就像利丰集团供应团队所做的那样。

运营平台

搭建平台只是开始，就好像建造一个橄榄球场：只有到球员都上场了，比赛才能开始。塑造型企业就像一个优秀的总裁判（不过这个裁判同时也是球场的老板），必须积极地通过有选择性地控制一些关键活动来管理平台。由于控制一切的做法既不可能也不得人心，所以塑造型企业应该把注意力集中在团结利益相关方、将创造的价值货币化、调整系统维持双赢等方面上。

成功的生态系统协调企业通常能够控制规则以及互动的机制。这么做使其能够对生态系统的演化进行催化，而非凡事都插手。拿供给链协调者利丰集团来说，该企业没有织布机，没有缝纫机，也没有纺织厂，却是世界上最大的消费品贸易公司，提供大量注重时效的产品和分销业务。这是怎么做到的？利丰集团搭建了一个平台，第三方供应商在这个平台上互相联系，形成了一个巨大的网络，所有工作都是由这个网络完成的，而这也同时满足了单个生产商以及零售商的需求。利丰集团制定了网络中成员必须遵循的规则，谁若是不遵守，就会被开除出去；同时，利丰还根据几项原则管理供应商系统，如不断更新生态系统，监控、评估利益相关方的工作并为其提供反馈等管理供应商系统。换句话说，利丰集团对企业如何参与、如何互动进行控制，从而控制生态系统如何运作、如何演化。这么做带来的结果是速度、灵活性以及效率高得无与伦比。该企业送货的速度仅为行业平均速度的一半。最终，利丰集团通过将中间商向客户收取的中间费作为自己产品的质保费用，从而获利。截至 2013 年，公司的利润超过了 200 亿美元。[26]

高效的平台管理会使加入生态系统更具吸引力、将网络效果最大化，从而不让潜在的竞争者建立竞争基础、提高合作之外实现价值的难度来将价值控制在生态系统内。成功的塑造型企业通过分享资源同时暗中控制的方式，只提供在生态系统内有价值的资源，比如向应用开发商提供只适用于该平台的工具。

改进生态系统

塑造型战略的威力蕴含在利益相关方做出贡献的深度和广度中。这些贡献使得生态系统能够快速发展并快速适应外界环境的变化。生态系统内部及自身的多样化能够吸收用户，就像上文提到的，苹果应用商店之所以打败诺基亚，其中一方面原因在于苹果应用商店的广度。因此，哪怕牺牲效率，也要保持多样性。塑造型企业还需不断创造机会扩大平台的覆盖面和规模，以将网络效率最大化。例如，中国的电商巨头阿里巴巴——我们会在下文详细介绍该企业的战略——在给淘宝网拉用户这一点上花了血本，八年间该企业没有盈利。[27] 但截至 2014 年，淘宝网已经是世界上浏览量排名第八的网站了。[28]

在不可预测、可塑的环境中模拟战略

在高度难以预测且可塑的环境中，企业需通过长时间不停探寻多种方案并花大力气对选择的方案加以塑造来确保成功。为了营造这样一个环境，我们模拟出可塑的战略方案，这些方案的价值会通过投资得到提升。另外，我们会随着时间调节收益，以反映不可预测性。

这样的环境造成的结果对绝大多数战略来说都不容乐观：经典型战略会因为战略方案所创造的价值不断缩水而失败；更具有探索性的适应型战略无法从有限的战略方案选择中通过深度、持续的投资获取利润；最终，愿景型战略所进行的一次性分析以及致力于单个战略方案的选择在面对不断变化的环境时会有过时的危险。

与此相反，我们的模拟显示将精力花在阶段性探索以及一套战略方案上，并随着时间的推移改变重心的战略能够在这种环境中取胜（图 5–4）。这样的战略和塑造型战略很像，要求企业在生态系统内的一系列战略选择上进行投资。在这样的生态系统中，你不必知晓哪种战略方案是最好的，只要取得生态系统的领导地位，一旦

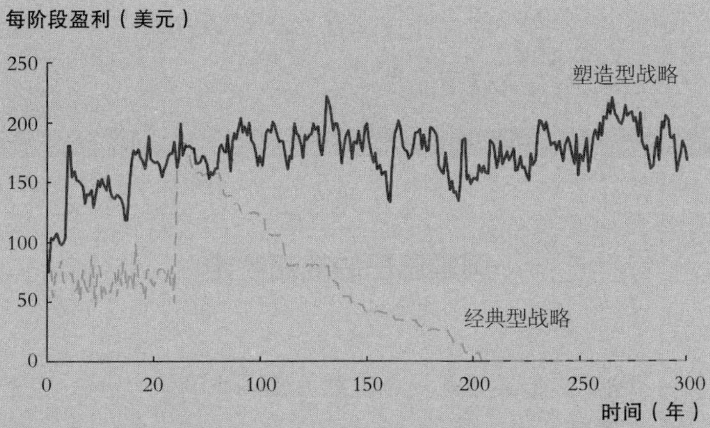

图 5–4　塑造型战略在不可预测、可塑性强的环境中有效（模拟）

数据来源：波士顿咨询公司战略智库MAB模拟机制

注：该结果是在无竞争环境下对30种投资方案进行超过30次模拟得出的。

选择了战略方案，企业就能够占据最有利的位置。

一旦系统到了关键时刻，协调型企业必须让这个生态系统保持灵活——外部环境变化了，那生态系统也必须随之改变。随着平台发展，协调型企业必须让参与者群体进行改变以维持联盟。我们见过生态系统由于变得僵化而失败，有些时候，协调型企业会因为过多的控制或疏远参与企业而失败。举个例子，有时候塑造型企业会出于对效率和专业化的欲望而减少生态系统参与者以降低管理费用。最终，这些经典型的趋势降低了企业的多样性和活力，从而损害了生态系统长期的吸引力和适应能力。如果只有一个企业能够生产某种产品，那么整个生态系统就会被那个企业操控。

阿里巴巴的战略制定

阿里巴巴集团是一个默默无闻的电商巨头——尽管这样的情况可能会在该集团2014年9月19日在美国上市之后改变。[29] 该企业1999年由马云创立，一开始做的是企业对企业的门户网站Alibaba.com。该网站将中国生产商同国外购买者联系起来。四年后，该企业创立了基于消费者之间活动的网站taobao.com。2013年，阿里巴巴集团的交易量已经超过亚马逊和易贝销售量的总和，中国的快递包裹中有一大半都是通过淘宝网购买运送的。[30] 同时，阿里巴巴将平台扩大，利用相关门户（例如用于支付服务的支付宝以及用于云计算的阿里云）涉足热门业务。该企业通过设定扩张性的愿景、给平台吸纳大量利益相关方、不断投资以扩大平台、不断升级生态系统等手段，自2008年起，年增长率高达60%。

首席战略官曾鸣解释了阿里巴巴是如何认识到电子

领域的不确定性，但依然致力于塑造市场的原因："最初的想法是互联网能够改变一切，所以我们想做互联网。但我们并不了解支付方式或企业对客户（B2C）或其他任何概念，我们想的是，'我们能不能通过平衡互联网科技来给社会创造些东西？'因此，首先我们开始做国际贸易，接着做SME（中小企业）发展，接着做零售，然后做支付，然后做云计算。"阿里巴巴在进入任何平台前会仔细调查是否有刺激大型市场发展的机会。"别做那种只给有限数量客户提供服务的业务，"曾鸣说，"如果业务的目标只是市场的某个细分市场，那就把这个业务留给第三方去做吧。"他告诉我们，阿里巴巴只愿意在网络具有极大影响力的情况下充当领导者。"我们的业务就是平台业务，所以一切都是平台。点击量，也就是用户人数——最重要，这意味着你是否得到了这个平台中的关键。"

阿里巴巴的协调理念基于市场而非管理。"我们试着……尽量少介入，"曾鸣说，阿里巴巴是通过在平台层面实行奖励来增进双赢关系，"我们在商业界有着独一无二的能力。你需要卖家，所以能有东西卖，接着你将重点转移到买家，所以更多卖家会加入进来。（我们能够影响）反馈圈，向积极方向发展，从而形成规模。"他挖苦地说道："我们不会让工商管理硕士来做市场，因为他们所学的是如何'管'东西。"

阿里巴巴不断地亲力亲为，升级平台。比如，在淘宝平台增加即时通信和卖家信用评价系统，构建参与者之间的信任。信任在中国商务中一向非常重要，同时也是阻碍人们加入网上交易的潜在障碍。

可能最重要的是曾鸣认识到了阿里巴巴的战略是讲合作，而且分多个阶段。"我们的创新具有颠覆性，"他告诉我们，"我们运用技术颠覆了现有的范例，因此我们需要一个清晰的愿景，同时在和可能是新手的合作伙伴合作时保持极大的耐心。"

塑造型战略的应用：实施战略

由于塑造型战略的方向来自于经常性的参与和对不断演化的合作方所做的指导，这种战略要融入"组织"的方方面面才能有效。然而，塑造型战略必须突破公司的边界，从鼓励外部创新到建构开放型组织架构开展领导工作，启发和影响其他生态系统参与者。

信息

生态系统协调者必须调和、监控多元的关系并催化多方互动，以创造对多元都有利的结果。在一个庞大的生态系统中，处理所有方面的互动非常复杂，因此这个工作十分难做。利丰集团的网络中有 15 000 家供应商；仅美国国内就有 275 000 名 iOS 程序开发人员。[31] 信息就像润滑剂，能够促进协调者和参与者之间的互动，使其配合得更好，而且可以作为持续获得反馈的工具，刺激相互学习，从而增加可见的平台价值。因而，信息必须很方便地分享、取得，而且要不断更新。发展基于市场的适应机制无须协调型企业的持续介入。

之前提到的（电子）平台的运作方式自然而然就是一个信息分享系统，尽管有时候协调型企业需要扮演一个更主动的角色，就像诺和诺德为中国医疗保健行业开会那样。

在理想情况下，平台通过客户满意度、需求形态、生态系统的整体健康度自动获取信息，并不需要协调型企业特别介入来获取和分享信息。成功的虚拟市场通过易于了解、有用的方式同时从参与者那里收集信息，同时共享信息。

阿里巴巴充分利用获得的信息发现扩大平台的新机会。利用强大的信息力量，该企业让中国的零售业产生了翻天覆地的变化，通过更多、更新、更不同的商业模式用更快的方式给更多的人运送产品。反馈能够增强阿里巴巴平台及参与者的活力。阿里巴巴的销售数据让商家更好地理解新机会，用户反馈让参与进来的零售商改进自己的服务，同时给阿里巴巴了解用户需求改变提供线索，使其能够调整标准。曾鸣认为这对阿里巴巴制定战略极为重要："我们在摸着石头过河。经济学家也猜不到会怎样，所以我们只能不断尝试。我们从市场得到反馈，然后做些调整。"

最终，优质、量化的数据量度能够让协调型企业知道共同进化的方案的变革是否有效。衡量方法包括获取新产品活力指数、生态系统增长率、组合盈利情况或整个生态系统的市场占有率。拿苹果公司来说，衡量方法包括应用开发者的盈利和集中情况，及使用iOS系统的用户和使用其他设备（例如安卓系统设备）用户在市场中的占有率。

创新

生态系统的本质在于控制外部资源以支持快速、并行的创新。因此，创新在绝大多数情况下发生在外部，取决于生态系统参与者的多样化情况，但由塑造型企业催化。塑造型战略的创新并不意味着直接管理每一项创新，也不应直接管理每一项创新——一个基于管理而非基于市场的战略无法扩大规模，还会限制生态系统创新的速度和多样性。

协调型企业用激励和向参与方提供反馈的方式催化创新，使参与方能够用符合生态系统利益的方式创新。

当然，并非所有创新都发生在企业外部。协调型企业的创新通常是第二级的——开发并改进商业模式和交流平台以巩固塑造型企业对生态系统的协调地位。Facebook特意在两个可以巩固自己协调者地位的方面进行投资，以此推动内部创新。如此，才可持续为外部合作者提升自己平台的价值定位。这两个方面分别是：第一，改善公司开发应用和平台技术设施，便于其他方合作。第二，或许也是更重要的一点，该公司不断改进用户界面，增加诸如照片流、时间轴及其他能够保持关键用户兴趣和参与度的特色应用，从而确保平台对广告商和应用开发商具有吸引力。

组织形式

和我们研究过的其他战略不同，塑造型战略分析的关键在于商业生态系统，而不仅仅是企业本身。这个更广的视角对企业的组织架构、文化、领导层都产生了影响。塑造型组织形式需要对外部环境开放并且融入其中，从而使参与方超越企业间界限，建立同盟间的信任。从结构上讲，这就意味着协调型企业在组织形式上没有界限；这样的企业通过采用和生态系统本身相同的以市场为基础的机制对资源和知识进行充分利用和分享，并在一定程度上进行控制。

例如，在符合广大生态系统利益的情况下，协调型企业可能通过让职工轮岗、向生态系统上游和下游的企业投资、分享知识产权等方式和其他参与企业进行融合。比如，谷歌公司定期召开开发者会议，在会议上，该公司通过培训、一对一反馈、让合作方和谷歌公司工程师一起开发应用等方式在合作方身上花心血。[32]很明显，这样一种开放型组织形式需要企业转变观念——对习惯区别“他们”和“我们”的领导或职员来说尤其如此。这样的组织形式需要一种放手的心态。企业领导并不制定严格、详细的规章制度，而是设定大方向，鼓励外在合作。

文化

超越企业边界的原则同样适用于文化。塑造型企业文化必须向外看，对外在各方持接纳的态度，催化而非控制利益相关方的交流；鼓励合作而非竞争。

企业必须激励、奖赏员工超越企业边界建立合作关系。开放和谦虚有助于培养信任，而信任是在生态系统参与者之间建立长期、成功互动的关键。正如诺和诺德首席执行官拉尔斯·所罗森所说：“于是我们公司有了一个开放的文化，我们有望建立一个让人们觉得自己在公司决策上有发言权的文化，当然这些决策的目的是把工作做得更好。”最重要的是，塑造型文化鼓励员工尊重生态系统中的其他参与方。塑造型企业通常推行一个致力于建立关系的非管理型文化，而非直接对关系进行管理或控制。

领导

超越企业边界的原则在企业领导方面也如出一辙。有悖常理的是，塑造型企业的领导会通过下放一定程度的控制权来获得影响力和尊重。塑造型领导会超越企业的边界。塑造型领导通常通过合作的方式设立生态系统愿景、和其他合作方交流愿景、以双赢为基础建立外在关系、解决冲突、发挥影响而非发号施令。通过这种方式，塑造型企业的领导更像是一味催化剂而非严格推行自己想法的管理者。

红帽公司的组织形式、文化、领导

红帽公司的首席执行官吉姆·怀特赫斯特指出了一些执行塑造型战略必须做的事。比如红帽公司的组织形式特别注重建立外在关系，这就需要非常审慎地选择雇员："红帽有能力影响一个群体，让其把事情做好——在不控制对方的条件下影响那些富有创造力的群体和自尊心极强的电脑高手——因为我们尊重生态系统。从组织上讲，这意味着我们对雇员具备敏锐的观察力。我们了解那些具有影响力的人员，从而让其为我们所用。”

红帽公司的决策文化反映了一种有选择性地放弃一部分控制权的意愿。因为在塑造型企业中，以公平的方式对待内部、外部合作方和这种方式所带来的结果同样重要。因此，塑造型企业会把绝大部分精力放在创造一种鼓励开放、透明对话的文化上。

“这是我们的合作方一直以来所期盼的：告诉我为什么这么做，告诉我现在做的到底是什么，至少让我在决策过程中说出自己的想法。从现在来看，说出想法并不意味着有决策权，并不意味着你对最终结果有发言权，但至少你能够说出自己的想法……让人们参与决策过程意味着这个过程会拖得很长。但决策一旦做出，执行起来会滴水不漏，因为所有人都参与进来了。他们知道你在做什么，他们也知道你为什么这么做。”[33]

怀特赫斯特认为塑造型企业对领导的要求和经典型企业十分不同。他之前作为首席运营官工作过的达美航空公司就是一个经典型企业。

“红帽有着完全不同的文化，”他告诉我们，“我进公司时常以为自己会担任一个类似监护人的角色，但后来我发现……开放性带来了进一步的开放。我们公司在全世界范围内有80个办事处，拥有6 000多名员工，所有人都遵循着一个从下往上的管理模式。”

怀特赫斯特也不认为首席执行官需要发号施令、进行控制。“红帽公司的领导层并不专注于对企业内部进行控制，”他说，“我们是行业内的催化者。”这个外向型理念帮助他更好地理解自己所扮演的角色：“领导层是‘催化者’，而非领导者——我并不通过发号施令来领导，因为我并不想在一个开源的行业里这么定位自己。我们不领导任何事，因为领导意味着控制，因此从某种意义上说，我是红帽的首席催化者。我催化，我帮助确定方向，但我并不正式地领导。因此在‘催化’这个关键词上我们花费了大量的时间，（成为催化者意味着）富有责任心、咨询而非控制，以及做出贡献。”

你的行动是否符合塑造型战略？

如果你做出了以下行动，则说明你运用了塑造型战略：

√ 选择参与者并与其互动；

√ 为了找到更好的方法而创造一个共享的愿景；

√ 搭建协调合作的平台；

√ 参与到生态系统与合作平台的演化中。

技巧和陷阱

就像我们所看到的，塑造型战略取得成功的关键在于：在恰当的时候用具有吸引力的愿景吸纳利益相关方；协调生态系统、促使出现对所有参与方都有利的结果；演化生态系统以适应外在环境的变化。

尽管“生态系统”一词在商业领域日益普及，但是很明显，塑造型战略是最不为人知的战略。确实，在受访的企业中，哪怕那些龙头企业也侃侃而谈如何在有利的生态系统寻找创造并塑造有利的定位。因此，和那些老生常谈、广为人知的经典型、愿景型战略相比，塑造型战略的运用极为罕见。该战略的采纳和实践程度也是最低的。我们同时观察到塑造型战略的现实环境和可感环境、采纳战略和实践战略之间的差距很大。例如，如果企业认为自己所处的环境可塑且不可预测，它们更倾向于采用适应型战略而非塑造型战略。

表 5–1 展示了一些企业在选择及应用塑造型战略时需要参考的技巧及需要提防的陷阱。

表 5–1　技巧与陷阱：塑造型战略主要的成功因素及失败因素

技巧	陷阱
• 有选择性地使用战略：只寻找那些处于发展早期，或有发展潜力的市场，这样你的企业才能够发挥协调作用。 • 理解你扮演的角色：只有少量企业同时拥有运用塑造型战略的影响力和内在能力，但是许多其他企业能够通过加入这个生态系统获益。 • 大方给予……同时留一手：制定双赢的规划，将生态系统创造的价值货币化。将增加平台价值的因素网络化以加强这些因素的影响。限制知识产权在生态系统外转移的可能性。 • 建立影响：建立关系以利用其他参与者的力量。确立焦点、搭建平台，并在此之上运用你的影响力。 • 有选择性地控制：谨慎选择运用影响力的地方，控制互动和适应机制，而非控制运营活动或结果。 • 维持平台的健康和吸引力：鼓励生态系统多样化和活力，避免紧抓着收益不放或牺牲多样性以换取效率。	• 时机不对：如果机会已经充分显露或竞争对手的协调型企业早已领先，再采用塑造型战略就是在做无用功。 • 价值外泄：不要让价值从你的生态系统中漏掉。确保参与者退出的代价高昂或无法轻易将你帮助他们建立起来的内在能力或知识产权“出口”到生态系统之外。 • 过分控制：避免霸占或过分管理生态系统。纵向或横向的干预都会降低生态系统的多样性和活力。 • 允许协调型竞争对手进入平台：过分控制的另一个极端就是失去对协调型竞争对手的控制，从而对你公司创造价值造成不利影响。 • 不惜一切代价追求效率：不顾生态系统长期健康发展而一味注重效率和专业化会损害塑造型战略。丰富和多样性能够让生态系统茁壮成长。

第六章

重塑型战略：求存

美国运通公司：重塑优势

2008年，当金融危机在世界范围内爆发时，收费业务市值达9 500亿美元的当今世界最大的信用卡发放企业——美国运通公司，陷入了极大的困境。[1]信用卡拖欠率直线上升、消费力直线下降、集资市场干涸。在之前的经济衰退中，运通公司的一些有钱的客户仍在不断消费，但这次却是例外。[2]

面对如此困境，亟须企业做出强有力的回应。运通公司首席执行官肯·切诺特迅速采取措施。他大规模削减成本，通过重塑凝聚组织结构，并营造了一种紧迫感。切诺特解释说："我们首先要做的就是削减成本。目前的情况迫使我们不能像危机发生前一样做事，我们必须迅速应对，但同时又要深思熟虑，用短期和长远的考虑指导行动。"

为了减少人力成本，切诺特首先解雇了约10%的员工，并且暂时降低高层管理人员的薪水[3]，随后降低营销支出以及专业服务费，但保留了客户服务预算。[4]

最后，为了寻找新的资金来源，运通公司展开了吸收存款业务。切诺特说："在短短几个月内，我们筹集了超过80亿美元的资金。"

在公司组织建设方面，切诺特注重明确分工以及制定成功的、指标明晰的紧凑型规划，他说："个人问责始终贯穿整个组织。"在四面楚歌中，切诺特小心翼翼地让自己投射出一种乐观的心态，他说："公司已经成立了160多年，我们之前也遇到过各种危机，所以我们知道对公司长远发展保持信心的重要性。我们的法宝，就是变通、盈利及凭借有选择地投资发展业务。"

切诺特迅速的行动帮助运通渡过了危机。到2009年底，美国运通的股价已经从3月份时的每股10美元恢复至每股40美元。[5]运通公司是当时为数不多的在危机中还能保持有股息并维持盈利的金融公司。五年后，该公司的股票上涨至每股90美元以上，这完全归功于切诺特法宝的第二阶段：为公司未来发展所制定的规划。[6]我们提示切诺特，他曾在2009年对投资者说的一句话："在今年年初，经济呈现整体下滑趋势，持卡用户消费加速下降，贷款损失率迅速上升。但在这个阶段，我们面临的短期困难并没有妨碍我们对未来投资。”[7]他本人也承认确实有人质疑过这句话。“有人对我说：‘喂，肯，你怎么敢在公司遭遇打击且经济局势如此动荡的时候奢求增长？’”但他回答道：“我会向他们亮明我的观点——不要浪费危机。不管外界局势有多疯狂，（运通）依然会有选择性地为发展而投资。”

在此之前，切诺特也曾带领运通公司渡过危机。他在“9 · 11”事件前几个月成了运通的掌舵人，他知道企业应该如何应对这种情况。他解释说：“在公司疲软期，营收压力增强，但撤销一切增长投资是目光短浅的做法。如果这么做，很可能会使公司在经济复苏时落后于其他竞争对手，并且从长远角度看会让你损失更多。”[8]

在其他竞争对手还在想着怎么弥补损失的时候，切诺特已经在为公司未来发展搭建平台了。他勾画了一个未来愿景，在这个愿景中，运通公司不仅仅是一家信用卡公司，而且是一家提供更多服务的金融服务公司和一家由强大数字平台支撑的贸易公司。此外，他还对技术创新进行投资。[9]切诺特为了提高收益还主动为客户介绍更多的消费方式。例如，增加运通标志性会员回报规划中的商家数量。[10]他解释说：“这就是即使我们削减了运营费用，却仍然为主要的增长提案筹集资金的原因。”[11]

如果切诺特不能保证他的战略，即生存与发展能够贯穿始终地实行，那么美国运通就不可能成功。从文化上讲，他鼓励他的团队不要“守株待兔”。首席董事鲍勃·华特的一句话对切诺特启发很大：“脚踏实地的同时眼界要宽。”从生理学上这是不可能的，但这不乏是个很好的比喻……它强调了在做好日常工作的同时要有远见。正是由于切诺特和他的团队的不懈努力，运通公司对其未来发展有着精准的定位，也使得其公司股票与经济衰退期相比增长了近九倍。

重塑型战略：核心理念

重塑型战略——就比如美国运通公司所实行的战略——能够让公司在严酷的环境中运营时重塑活力与竞争力。这种严酷的环境可能由企业战略和环境长期不匹配或遭受企业外部或内部的冲击所导致。

当外部环境变差，致使公司目前的经营方式无法维持时，改变运营路线，将资源保存下来或者空出来，然后将其重新用于公司的发展上。这一做法不仅是公司生存的唯一出路，更能让公司再一次兴盛起来。企业需要尽可能快地注意到商业环境的恶化，并且能及时做出应对。之后，企业需要节约开支，从而精确地找出影响其经济活力甚至生存能力的直接障碍。为了做到这一点，企业一方面要将注意力放在业务上、削减开支、保留资金，同时释放资源，为重塑的下一阶段筹集资金。最后，企业需要在其他四个类型的战略中重新选择一个来保证其长期的发展力与竞争力，同时根据环境重新设定战略方向，并战略性地实施创新（见图 6–1）。

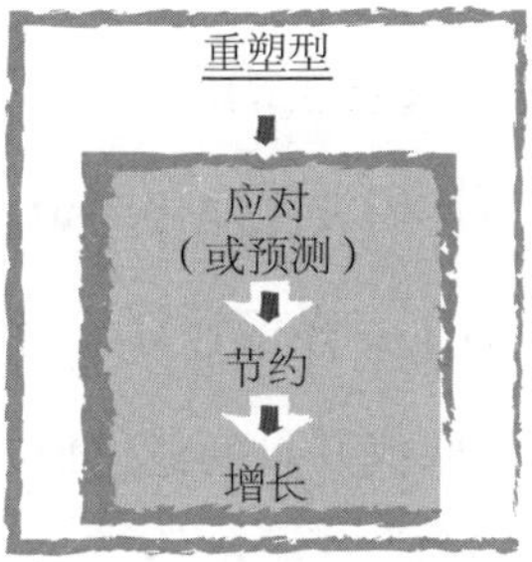

图 6–1　重塑型战略

重塑型战略之所以与众不同，一方面因为其具有暂时性，另一方面因为这种战略事实上是由两种战略组合而成，这两种战略有着各自的条理性。这样的组合极具挑战性，因为这两种战略的要求在某些程度上来看是截然相反的。在第六章中，我们将对这种战略组合的观点做进一步说明。

从艺术比喻的角度来说，重塑型战略就像是立体绘画。立体主义绘画与先前的艺术流派不同，其所描绘的物体是经过分析、解体、去掉不重要的形态之后再重组，最终形成一个全新的视角。

什么时候采取重塑型战略

当企业面临严峻形势时，应采取重塑型方法。导致这种形势的原因可能是公司战略与其所面临的环境长期不匹配，也可能因为遭受外部或内部冲击。

导致这类不匹配现象发生的原因可能是企业选错了战略，但更经常的是因为商业环境发生变化而企业战略没有随之改变，从而导致了长期业绩不佳。许多计算机硬件公司发现，当它们成熟的技术被新兴技术取代并且商业价值开始从硬件转向软件、服务、用户联系等方面时，它们就陷入了困境。这些企业所运用的商业模式在过去很成功，但在变化的环境面前已然过时。

重塑型战略同样适用于因外部环境导致商业环境突然恶化的情况。经济或政治动荡或不稳定可能会束缚资金市场，你经营领域的客户开销与需求也可能突然下降。有时这类情况会同时发生，并带来毁灭性的结果，例如2008年爆发的金融危机——这场危机迫使运通公司实行重塑型战略——是流动性与客户需求同时降低的极端案例。

你可能已经知道的事

尽管有着不同说法，例如改革法、转向法、精简法等，重塑型战略本身仍是为人熟知的概念与事实。在20世纪80年代，关于重组与改革的实践正在日益成形并普及，部分原因在于有企业成功地从转型中获利。私企与私人银行积极普及杠杆收购或其他类似的金融工程技术，比如营运资金保付以及可以帮助企业在严峻时期空出资金的新型债务结构。私募行业利用技术来支持改革的第一阶段，通过削减成本、剥离多余业务以及优化资金结构将业务现金流量最大化。

大约在同时，企业掌握并整理了一些在重塑型战略“节约”阶段能够提高效率的技术。在20世纪80年代，美国制造公司开发了作业成本法。这种管理方法将企业活动与利润挂钩，并且在不损害业绩的前提下，有选择性地精简企业活动。在20世纪90年代初期，迈克尔斯·哈默与詹姆斯·杰姆培提出了企业流程再造的概念。该概念建立在波士顿咨询公司时基竞争概念之上：最终服务客户这一主流程之外的活动能少则少。仅仅几年之后，《财富》杂志评选的世界500强企业中超过60%都涉及不同程度的再造。[12]

波士顿咨询公司随后又提出了机构扁平化概念：企业组织层级的数量体现了企业的复杂性与低效性；削减多余层级，扩大控制范围能够提高企业的竞争力。[13]

最终，在20世纪90年代中期，学者与从业者同时把越来越多的注意力放在变化所带来的积极影响上。约翰·科特等作家提出，如果不考虑人为因素，不培养全面的变化管理能力，改革注定会失败。[14]

最后，有些巨大的、关乎企业生存的挑战近在咫尺，比如一些内部大变动事件：供应链污染、重点生产基础设施故障或者高度信任危机。英国石油公司“深水地平线”钻机（装置归越洋公司所有并由其运行，与英国石油公司仅有合约关系）在墨西哥湾出现石油泄漏这一事故之所以威胁到公司的生存，不仅是因为这场事故本身及其在金融领域带来的影响，更因为该事件影响到了信贷以及利益相关方的关系。[15]

尽管你可能无法第一时间发现公司正在陷入一个艰难的境地，但一旦造成的损害足够大，你很容易就能明白你需要实行重塑型战略了。当出现利润与销售量长期竞争力低下、自由现金流急剧下降或者可用资金减少等情况时，那就表明公司的长期生存受到了威胁。因此，实行重塑型战略的必要性也随之上升。雅培、美国银行、康菲、戴姆勒、爱立信、福特汽车公司、葛兰素史克公司……这仅仅是在过去几年中公开宣布改革的企业名单中的一小部分。为什么改革企业的数量越来越多？有两个主要原因：第一，变化速度加快；第二，随着经济结构间的联系愈加紧密，金融危机波及的范围变得越来越大。

如今的企业面临更多更快的变化，其所实行的战略与不断变化的商业环境之间不匹配的可能性也随之上升。我们的分析显示，现在的企业在其生命周期的不同阶段——从问题到明星到现金牛到瘦狗——发展得越来越快。因此，整个生命周期也受到了压缩：在75%的行业中，一家公司在其生命周期的每个

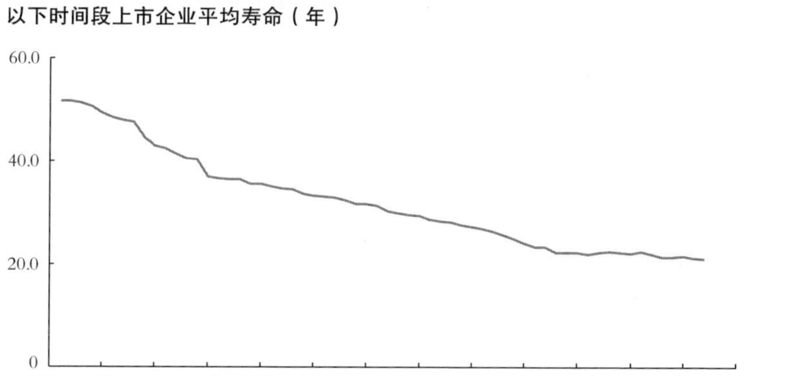

图 6–2　企业寿命缩短

资料来源：波士顿咨询公司战略智库分析报告（2014年9月24日），Compustat数据库

注：跨行业分析基于来自70个行业的34 000家企业的数据（未加权平均值），不包括上市开始及终止时间未知的企业（即1950年已上市且有销售记录上报；及/或2013年仍处于上市状态且有销售记录上报的企业）以及最高销售额从未达20亿美元的企业。

阶段中所花费的时间已减半（见图 6–2 和图 6–3）。[16]

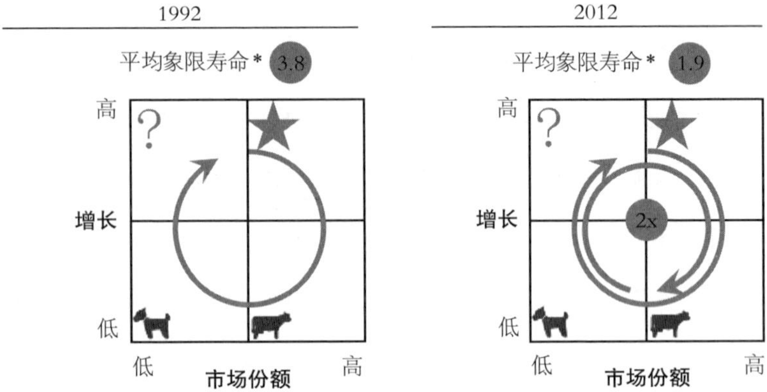

图 6–3　如今企业竞争地位变化速度是 1992 年的 2 倍

资料来源：Compustat 数据库中 1980—2012 年上市公司的数据

注：不包括股票发行量下跌的行业。

*任意一家企业在特定成长份额矩阵象限中花费的平均时间。

因此，企业领导必须对变化保持警惕，以确保他们所实行的战略与环境不脱节。此外，经济危机似乎正在加深，并逐渐从最初开始爆发的领域蔓延至其他行业，这是由于全球经济相互联系越来越紧密了。

之前的金融危机通常仅限于某个行业或某个地区。例如，20 世纪 90 年代的南美债务危机基本只限于南美地区；20 世纪 80 年代的美国石油大跌价也主要只影响能源领域。

引发适应型战略需求的环境因素包括：经济动荡、快速变化以及其他根本性的变化。这些因素与引发企业实行重塑型战略的因素相同。正如我们之前所讨论过的，适应并不总是那么简单，如果企业错过了适应型战略的起步阶段，那范围更大、风险更高、成败在此一举的改变（企业转型）就变得十分必要了。

工作重心为何重要：博士伦

眼部护理产品制造商博士伦向我们展示了采用重塑型战略的时机和方法。

2010 年布伦特 · 桑德斯出任博士伦公司重塑规划的负责人时，博士伦公司已经有很长一段时间跟不上竞争环境的变化。布伦特说："其实这一切都是有迹可循的：三年换了三个首席执行官、三十年时间不见增长、从在自己所涉及的市场领域保持领先到落于人后，以及其他错综复杂的事情。"[17]

首先，他需要说服其他人相信，公司必须实行重塑型战略。据他所说，为此他找了"一些毋庸置疑的事实……来说明我们需要做出一些改变"。这几乎包括了公司所有的关键指标——单个员工的销售额、过去三十年的增长率以及创新纪录——博士伦在同行中排名垫底。桑德斯是这样向他人阐述改变的："最能说明问题的数据可能就是员工是否乐意在博士伦工作以及客户调查中医生是否愿意推荐使用博士伦的产品，而我们这两项数据都极为糟糕。”

在认识到博士伦和现实环境大大脱节后，桑德斯制定了一个“三步走”规划（稳定、发展、突破）。该规划将重点放在站稳脚跟、打小胜仗及通过目标产品研发来助力发展。桑德斯解释道：“胜利是会蔓延传染的，所以在像我们这样很久没有取得胜利的企业中，以小而快的胜利开局，会唤醒当年的记忆。”

的确，过去两年里，在“合理精简”组织、专注公司发展，以及难以置信地推出了34个新产品等举措的驱动下，博士伦的股价上升了约2.5倍；销售额也以每年9个百分点的速度增长，折旧及摊销前利润每年以17%的速度增长。[18] 2013年，威朗制药以87亿美元的价格收购了博士伦。[19]

你的企业是否处于重塑型商业环境？

如果符合以下条件，则表明你的公司正面临着亟须重塑的商业环境：

√ 你的行业或公司处于低增长或负增长状态；

√ 你的行业或公司正在亏损；
√ 你的行业或公司正遭受内部冲击；
√ 你的行业或公司正遭受外部冲击；
√ 你公司的生存受到威胁；
√ 你的行业或公司获取资金受限。

重塑型战略的应用：制定战略

战略型重塑的重要性日益凸显：这是一种高风险的博弈，有时甚至会影响到企业的生存。大多数管理人员都对披着“转型”“转向”外衣甚至是直言削减成本的战略十分熟悉。然而，要成功执行重塑型战略并没有想象中容易：我们的分析表明，75%的转型规划都没能同时形成短期与长期的影响（见图 6–4）。[20] 为了了解造成这种情况的原因以及如何区分成功与不成功的重塑型战略，我们做了一个关于 24 个转型方案长期绩效的定量与定性对比。

对比结果十分令人震惊。所有在我们考察范围内的企业都实施了我们称之为“第一阶段”的节约政策。尽管这是基础，但光靠节约是不够的：毋庸置疑，光靠省钱无法成就辉煌。痛苦地削减成本以及其他防御性措施是维持企业生存的常见方法，但尽管这些措施见效快、效果好，而且成效明显，但它们无法取得长期的成功。

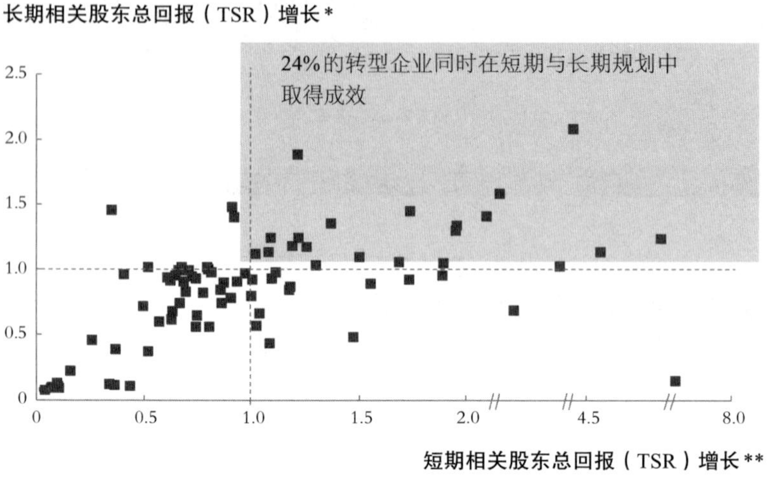

图 6–4　极少公司在转型中取得成功

来源：波士顿咨询公司分析

注：股东总回报（TSR）由标准普尔 500 股价指数或者相关全球行业指数增长调节。

*转型已五年或至今仍在继续。

**转型一年。

单靠节约最多只能将股东总回报恢复至行业平均水平，但无法阻止该值在长期竞争中下降。

对于成功的重塑型企业，转型不会就此停止。在我们研究的企业中，没有哪家企业可以在不实行以创新与发展为核心的第二阶段前取得长期的成功。我们将转型失败的大部分原因归结为企业没能跳出第一阶段的成本削减而进入下一阶段。因此，想要让重塑型战略长期取得成功，企业必须同时实施作为第一阶段的节约与作为第二阶段的发展——换言之，企业必须将重心转移到其他四个战略上去。

重塑型战略初期需要对环境恶化的早期迹象做出迅速应对，此时企业应进入第一阶段——节约：寻找时机节约成本、保留资金并制定严格的规划以求获利。之后，企业可以准备进入第二阶段，该阶段实行以发展和战略创新为主的新战略（见 6–5）。[21]

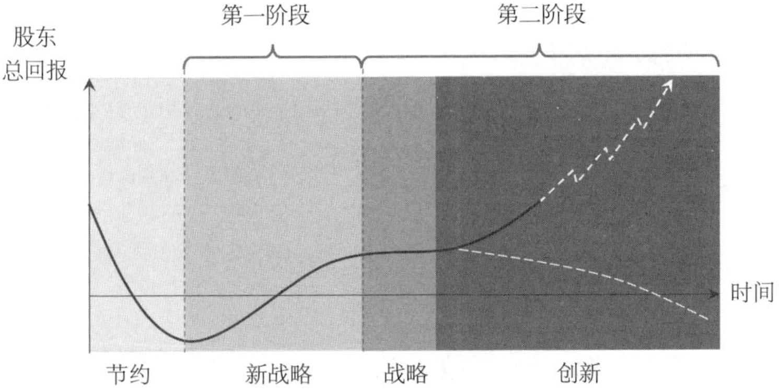

图 6–5 转型曲线

对触发环境变化的因素做出迅速反应

快速识别企业正处于严峻环境的信号并迅速做出反应，对于提高企业生存概率而言是最重要的一步。因为当一个人处于需要急救的状态时，面对危及生命的情况所作出的第一反应时常就预示着结果。然而，企业通常对这种不利情况反应太过迟钝。自负、落后的财务指标或是缺乏即时的应急平台都会导致企业忽视正在逼近的危险。此外，一个成熟的商业模型可能花费巨大，而且即使内部已经陈旧，乍看起来还很健康。然而，一旦面临财务困难，企业所面临的挑战已经比先前翻了几番，而且不断增多。有些企业可以通过识别一些重要指标来预测环境的恶化，比如技术变革、出现黑马竞争对手、有经验的投资人改变投资方向与方式、客户不满意度下降、客户流失或增长率下降。

然而，这种能先发制人的重塑案例极为少见。[22] 所以，此处我们仅着重分析比较普遍的回应型的转型案例。

第一阶段：规划节约

一旦企业发觉自身所处的环境恶化，就应着手展开重塑型战略的第一阶段，并牢记两个目的：第一，企业必须恢复财务活力；第二，必须给予转型活动财务支持。企业需秉持这个目的制定规划，通过停止非核心活动、降低成本、保留资金等方式将资源集中在业务上。

仅有好的初衷是不够的：柯达

柯达的案例不仅诠释了技术颠覆的速度与猛烈，还说明了正确决策对转型过程的深远影响。[23] 即使是初衷最好的改革尝试都有可能出错。1975 年柯达占领美国胶卷市场 90% 的份额以及相机销售总量的 85%，在当时几乎没有可以与之并肩的对手。所以，2012 年柯达申请破产令人扼腕。

尽管可以把柯达的案例简单视为执行不力，但事实上，柯达公司为了适应胶卷消亡、数码照片兴起这一趋势做了很多努力。柯达于 1975 年研发了第一台数码相机并为其申请专利，直到 1981 年索尼公司才推出第一台商用数码相机——马维卡，但这款相机的质量太差且价格并不亲民。与此同时，柯达公司在 20 世纪整个 80 年代与 90 年代都致力于投资新技术研发，例如，一定程度上将招聘和并购的重点由化工转向了电子工程。

胶卷行业在极短的时间里（大约四年）行情急转直下。1999 年是胶卷销售的高峰，但是到 2003 年，柯达就公开宣布胶卷业处于长期的衰退期。那么，到底哪里出了问题？

尽管柯达也努力实行转型战略，但终究没能做得足够彻底。柯达转型战略的第一阶段主要以加大生产为主，而在削减成本与裁员方面做得不够到位，使得公司士气低落，无法吸引人才刺激创新。同时，尽管柯达已经认识到向电子技术转型是毫无疑问必须做的事，但公司还是陷入了“比例陷阱”，即柯达既没有分配足够的资源发展、扩大这一战略，也没能预料到技术的变化速度如此之快。由于陷入“坚守陷阱”，柯达扼杀了几个没能达到现有胶卷业务经济指标基准的新方案。而在“遗产陷阱”中，公司仍继续将大部分资金投入核心业务，且并不打算拆解胶卷销售业务。

从某种程度上说，柯达所犯的错是可以理解的。举个例子，柯达在20世纪90年代后期将大部分资金投在中国的胶卷制造设施上，并预测中国会成为胶卷摄影最后同时也是最大的市场。而事实上，中国完全跳过胶卷摄影阶段，一位公司内部成员透露：“我们也想把钱投入新技术的研发上，但因为那个时期技术更新尤为缓慢，所以让我们产生了一种虚假的安全感。而在21世纪初，质量、成本、用途等问题一下子浮出水面，我们便手足无措了。”

2013年初，柯达从破产中走了出来，但已雄风不再。

运用重塑型战略的企业会寻找时机重新恢复自己的核心业务。它们通过重新审视想要维持的行业和业务部门、判断产品与客户群体是否对公司总盈利和现金增值做出贡献来构建新的投资组合。

据说瑞典汽车制造商沃尔沃的首席执行官佩尔 · 于伦哈马尔在观察了1987年股市崩盘后，认为至少在短期内“现金为王”。[24]

降低与剩余资产有关的成本可以在短期内恢复盈利能力并消除绩效差距。许多企业通过削减人力成本、重建组织结构、精益管理、六西格玛或其他相关方法优化利润、减少膨胀。潜在的节约方法潜藏在各个角落：可以通过合理调整供应商结构、降低中间费用、转变地理资源组合、减少供应链损失与缩短交付周期等方法降低商品销售成本。间接成本常常更容易节约，因其不会立即影响到客户体验：营销预算、自主研发以及间接人力成本都能在第一阶段中进行节约。

除了合理化企业投资组合以及削减成本，企业还可以将其资产负债表上的资源空出来。例如，它们可以通过增加库存、改变供应周期、消除恶意欠款等方式减少资产冗余、调节负债结构或者优化工作资本来实现。再彻底一些，它们还可以对可用核心资产进行出售，情况好转后再回租。

企业先要寻找时机，接着制定详细的阶段性规划。企业第一阶段战略的严谨管理使得企业能够“全力求生”。企业将注意力放在较高的节约目标上，而这些目标又能细化为点状的月度规划或单个目标，反映出恢复财务活力短期目标所需的进展。

重塑型战略第一阶段的指导原则应是在保证长期发展可能性的同时，将即时绩效最大化。在保留和削减之间寻求平衡很难。在降低成本阶段，应从未来发展前景出发决定卖什么，不卖什么。那些变卖极具潜力资产的“砸锅卖铁”型企业可能也随之把繁荣的前景搭上去了。合理化是需要的，但有着高战略价值的资产只能放在最后抛售变现。

一个好战略的目的是将削减和投资去平均化，在某些领域加大削减力度的同时，从长期发展角度出发对另一些领域重新投资。

尽管第一阶段和第二阶段有着先后次序，但二者也相互交织。首先，企业在削减成本时，不能砍掉第二阶段必需的项目；其次，第一阶段是为了辅助第二阶段，因此成本削减的目的必须能体现出这一点；最后，尽管第一阶段重点在于拯救公司，但领导层仍应将目光放远，通过预测和制定相应战略为第二阶段的成功打下基础。

第二阶段：以发展为核心

第二阶段的战略制定在于把以下两点做好：制定新的战略并且投资战略创新以支撑该战略；宣传新战略。

为了定位第二阶段的转型方向，成功的企业会评估它们所处的商业环境以确定自身的长期愿景。无论企业在第二阶段实行哪一种战略，都应将原先以效率为核心的短期内部视角调整为注重发展的长期外部视角。为了适应新战略，企业应进行战略型创新，经常地对其商业模型进行基础改革。企业所采取的合适战略以及伴随而来的创新都是企业对以后危机环境进行评估的结果。

本书之前的章节就已详述过第二阶段可以实行的各种战略类型，所以这里我们就第二阶段的特别之处进行简单探讨，即传达新愿景以克服不可避免的怀疑并恢复企业士气的必要性。考虑到危机期间企业着重于短期生存所面临的压力以及公司信誉受损的可能性，领导层应脚踏实地重新定位战略方向，并且将注意力放在公司内外的战略传播上。这样做不仅有利于通过传达新思维吸引外来者（如金融利益相关方），而且有利于通过给予员工新的思维框架和愿景来提高内部人员士气。

美国国际集团的战略部署

与美国运通公司一样，美国国际集团（AIG）作为世界最大的保险公司之一，也受到了2008年的全球经济危机的冲击。[25]AIG可以称得上是处理企业生存危机的典范。那一年，AIG创造了从美联储获得850亿美元紧急援助的纪录，并且到2009年时，援助金额已增至1 820亿美元。当时AIG这个品牌被视为毒药，企业的长期财务活力也毫无保障。在2009年的夏天，联邦政府雇用经验丰富的保险业高管鲍勃·本默切，让其着手进行大刀阔斧的战略重塑。[26]

本默切带领他的团队按主次先后，果断采取措施以创造价值，保留、简化核心保险业务，并最终偿清了亏欠美国政府的债务。他们将AIG之前“减价抛售”式的运营方式转变为周全且有条理的规划——放弃一些业务，将精力投在另一些业务上，并且调整某些投资组合。这些措施主要针对那些遗留的、盈利最大的财产、灾害、生命、退休、抵押保险业务。AIG现任董事长兼首席执行官彼得·汉考克，在当时担任AIG的金融、风险、投资执行副董事长，他说：“当时所有东西都待抛售，但企业必须明确哪些东西可以卖，那些东西不能卖，所以我们决定把最核心的留下来。”AIG着手解决公司剩余资产的运营效率问题，汉考克说：“着眼于业务中已做大、已成熟的部分，并思考如何将其进行优化，这才是有利的。我们每天支付100万美元赔偿金。因此，如果能够做出优化，哪怕只有一点，回报也是十分丰厚的。”最终，本默切监督完成了对公司组织大规模的精简工作。汉考克解释说：“我们的简化工作力度很大，力求降低组织结构复杂性、提高团队决策力。”

这种着重于简化与偿付能力的举措使得AIG完成第一阶段后就清偿了欠款，并且重回公共市场继续发展。

到2012年底，AIG向政府偿还了包括利息在内共227亿美元，且保持其投资评级为A，还从私人银行吸引了超过30亿美元的信贷，并将其投入股票市场。[27]但是，正如汉考克所言：“这并不是转折点，而只是个开始。”汉考克接着得到新的职位——财产事故业务首席执行官，他由此将重点放在公司的长期发展上，第二阶段由此开始。

在新职位上，汉考克重新转向经典型战略，利用其业务单元的规模效益并将其管理结构全球化，以此创造协同合作、避免内部竞争。此外，他将注意力重新放到将公司定位于快速发展领域——比如，新兴市场。他说：“重点是我们一方面通过给予全球AIG员工普遍的归属感以及共享基础设施的机会；另一方面开发有限的可以开拓战略性业务的国家，在那些国家里我们愿意从长远出发投入大量资金，创造新的发展源头。”

2011—2013年，AIG的利润增长了两倍有余，这些利润有很大一部分来自财产事故业务，仅在此期间，该业务的运营收入就从11亿美元增长到将近50亿美元。[28]

恶劣环境中的战略模拟

在恶劣环境中，企业取胜靠的是保留资源，不在探索上做无用功。我们的模拟证实了这点：当环境恶化时，探索的机会成本高昂，并会侵蚀生存所必需的有限资源。我们引进了所有战略都允许使用的资源预算方式来建立该模型。

资源匮乏时，预算更加紧张或机会成本较高，那些过分注重探索的战略会迅速耗尽资源并失去活力（见图6–6）。

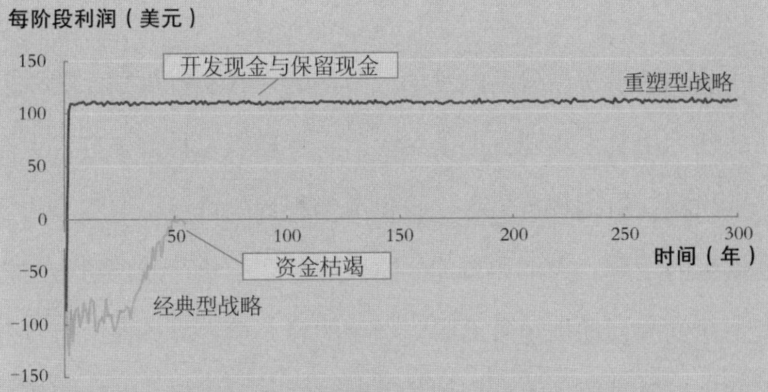

图 6–6　重塑型战略的取胜之道在于保留资源（模拟）

资料来源：波士顿咨询公司战略智库MAB模拟机制

注：该结果为在非竞争环境下有30个投资选择的30次模拟下的平均结果。

重塑型战略的应用：实施战略

战略型重塑是一次高风险博弈，从最初的节约到最后的重新发展，它需要整个团队全身心投入。正如亨利 · 福特所言："失败不过意味着得到了重新开始的机会，而且这次我们会变得更为明智。"[29] 在重塑的两个阶段中，信息管理、结构、文化、领导都要和企业融为一体。而这正是极具挑战性之处：成功的重塑型战略要求企业能够平衡着重恢复公司财务活力的短期规划和着重发展的长期规划。

信息

成功的重塑型战略以集中、节约的方式执行规划，随后以新战略为中心，实现长期繁荣。信息管理以三种重要方式支撑以上目标：检测预警信号、报告节约规划的进展、追踪节约规划带来的发展。集中和节约的阶段需要严格执行改善财务的方案。详细的行动规划应串联到组织的各个层面，确保以负责任的态度反复重申，跟踪规划的进展，从而巩固目标。转型第二阶段的信息需求会随着采用特定的战略而产生变化。

在第一阶段，公司应使用一套分析和测量工具规划并跟踪绩效的改善。每一元钱都至关重要，企业应基于活动成本，制定详尽的分配制度，以明确区分哪些产品赚钱，哪些产品赔钱。企业随之运用分析工具（如标杆管理分析和精简层级分析）发现潜在的能够节约成本的地方。为了评估每个项目，成功的企业运用气候与经济动态综合模型评估法（DICE）评估每一个方案获得成功的可能性。该评估法基于持续性（Duration）、完整性（Integrity）、承诺（Commitment）和工作（Effont）等因素评估获得成功可能性的高低，并标出需要干预的领域。[30] 最后，一旦企业在重组规划问题上达成一致，就会运用工具（这类工具从甘特图表这类简单工具到更为复杂的项目管理软件工具不等）跟踪规划进展。

我们已经见过一些经典型战略所运用的信息管理工具。在这里，和之前的情况类似，必须以一种富有洞察力、非机械化的方式运用工具，从而揭示有关当前状态和改进方案进展的新的，甚至令人不适的真相。用工具来促进对话，而不是替代对话，能避免整个流程流于形式。

博士伦的信息管理

在博士伦，布伦特·桑德斯使用公司的信息能力诊断出公司目前面临的问题、创建重组方案、追踪从稳定到增长的进度。他一制定好规划就极为细致地监控规划的开展情况，他说："一切都是可度量的，我们规划了一切，以做到一切尽在掌握。事实上，我改变了从账面利润到现金流的指标，尽管前两者依然是重要的，但是我们对总收入格外重视，你不可能通过削减成本来达到我们现在所取得的利润。"

针对未来，桑德斯发展了一个建立在收益增长——尤其是将产品推向市场——之上的愿景。他意识到研发是公司的弱项。所以，为了反映这一点，他告诉我们，"我改'研发'为'发研'"，以确保人们通过捕捉重点的变化获取正确的信息。例如，他改变激励方式，奖励上市产品的数量，而非研究项目的数量。

创新

正如我们所看到的那样，在重塑的第一步，创新并不是一个主要部分，但在第二步，却是至关重要的。基于此，重塑型企业需要平衡这两个对立步骤孰先孰后的问题：在第一阶段减少可支配费用，但在第二阶段进行战略创新，更新商业模式。

事实上，在第一阶段，创新可能会不可避免地减少，以此保证公司的财务活力，但有两个例外：第一，如果状况的改善能直接为重塑带来资金，那企业就应该支持能改善短、中期成本或利润的创新。第二，在转型的第二阶段，如果创新能支撑必要的商业模式变化，那公司就应该鼓励创新。重塑型企业需要将创新资金去平均化，以保证支出集中在这两个目标上。

在第二阶段伊始，一旦公司存续不再受到威胁，成功的重塑型公司会实施有限的战略创新以检验刺激增长的新方法。通常，因为第二阶段可能涉及不确定性和探索，该阶段类似于适应型战略：实施重复周期很短的低成本小博弈，用有限的现金支出取得快速答案。之后，企业可能在符合其从长远出发所选择的特定战略创新上进行大规模投资。

肯 · 查劳尔特坚定地认为美国运通公司应该继续进行有针对性的战略投资创新，以便在短期内支持业务发展，并为长期发展做好准备。正如我们所见，即使在金融危机期间，美国运通公司依然开发了数字平台、大力推进会员奖励规划，并和达美航空、英国航空等公司建立品牌合作关系。

组织形式

首先，重塑型组织形式需有重点、严谨地开展第一阶段工作。虽然第一阶段是临时的，但事关重大。第一阶段工作需要大力地削减成本，内容可能包括重组整个公司的结构，以及常常要组建一个临时的上层组织来制定并监控整个过程。另一方面，企业需要以增长型战略为中心，成功地执行第二阶段的任务。考虑到这两个阶段有重叠，重塑型企业必须考虑将第一阶段中促成公司发展的因素分离出来，并确保发展因素得到很好的保护。

在第一阶段，企业通过精简以降低成本，并确保工作得到严格执行，通常会建构一个凌驾于企业之上的临时项目管理层，以制定和保持规划走上正轨。企业领导通过削减组织的非核心部分以“精简”公司。在人员方面，精简层级作为实践证明有效的方式，能够减少组织层、增加领导控制权、降低成本、促进上下级沟通、加强责任心。在实际操作上，流程重组等工具能够通过取消不直接为最终产品增加价值的步骤，降低流程的复杂性。通常，企业在重塑模式下会使用严格的等级制度以确保它们的节约规划得到认真执行，哪怕最小的下属业务单元都对此负有责任。

因为重塑型企业在一个类似临时的状态下运营，它们可能会加设一个项目管理办公室，即项目管理办。这个专门确保纪律的临时组织层可以提供更大的客观性，推动企业做出必需的艰难决定以避免既得利益者阻碍进步。项目管理办可以制定并跟踪重组项目、定期撰写标准化项目报告和指标完成情况并向公司高层汇报。除了规定纪律，项目管理办使得部门经理能够把心思完全放在正在进行的业务上，它还负责将企业内部工作开展的情况和潜在障碍透明化。[31]

至于第二阶段，企业需要在不破坏发展前景的前提下大刀阔斧地裁减。在同一个团队中，如果短期和长期的指标和奖励不一致，则很难将两者结合起来，在团队成员担心自己工作是否有保障的时候尤其如此。应对这一挑战有多种方法。例如，重塑型公司可以通过大范围的厉行节约运动对组织进行去平均化，用企业结构重塑的大方向指导以项目为目标的创新。另外，公司可以尝试直接实施第二阶段的必要步骤，即使它们仍处于第一阶段。例如，美国运通公司有意在整个企业范围内做数字化转型，而非创建单独的数字化部门，通过这种方法让整个企业能够跟上未来的潮流。有时，把注意力同时放在第一阶段和第二阶段上是不可能的，因为之前的组织形式和目标天差地别。在这些情况下，企业可以创建单独的组织单位，在培育并保护发展的同时，允许全面重构现有的核心业务。

文化

企业在重塑阶段需要在两种截然不同的文化重点之间不断转换。首先，企业必须从内部由上而下致力于开展工作，把重心放在执行上。接着，企业必须将思维模式做一个全然不同——甚至往往截然相反——的转换：注重企业外部工作，并与第二阶段要实施的战略保持一致。不要以为这个文化重心的转换轻而易举——实际上非常困难且非常必要。英特尔公司前任首席执行官安迪·格鲁夫强调："一家公司是一个活的有机体，它必须不断蜕壳。方法必须改变，重点必须改变，价值必须改变，而这些变化加起来就是企业的转型。"[32]

首先，危机下的企业需要放下姿态，支持执行严谨的、以行动为中心的生存规划，坚持一个公开奖励和拒绝冒险的规划。在可能的情况下，企业应该非常透明，减少节约成本带来的恐惧和争执，帮助在裁员中保住饭碗的员工远离内疚或怨恨情绪。企业在第一阶段常常会无意中滋生悲观文化，加之工作的不安全感或士气低落，导致错过目标或保持先前的落后业绩。尽可能缓和这些担忧，通过庆祝微小的成功以保持对于更大、更长远前景的专注。

然后，企业领导应适时促成文化上的改变，以着重适应特定的战略。这种改变要求企业创建一个新的文化身份并以该身份建立信心，以便企业在经过一段焦虑期和对短期目标的关注之后转向一个更加开放、更加关注发展、更愿承担风险的文化。和任何文化转型一样，企业的文化转型任务艰巨，需要企业领导真正用一个新愿景激励员工取得长远成功。此外，企业领导需大力推进培养下一阶段战略所需的文化，如适应型战略所需的建设性反对意见或愿景型战略所需的清晰、共同的目标。

美国国际集团的组织和文化

如前所述，在时任首席执行官鲍勃·本默切的到来之前，美国国际集团最初仅关注通过削减成本、重组组织架构以解决财务限制。在本默切到任之后，美国国际集团专注于创造价值。方法之一是关闭或解体了30多家公司，这些公司的业务涉及50多个国家。“我们不得不削减一些旁枝分叉，”汉考克说，“但这棵树还在，树干依然粗壮。”公司领导层通过精简和集中化、改变组织结构（实际上，相当于从一个类似联邦的组织形式变为一个联盟）等方式将余下的三个核心业务——财产保险、人寿和养老保险，以及抵押贷款担保——聚合到一起。在财产保险方面，汉考克彻底改变了结构驱动的协同效应："我不再让公司的财产保险业务成为一个窝里斗的联邦——我们有五个不同的子公司互相竞争，从而削弱了我们自由定价的能力——演变成重组了全球范围内的产品规模。这些领导人有能力积极应对全球范围内的威胁，能够培养大量专门人才把事情做好。"

为了第二阶段的成功，美国国际集团重新定义了自己的企业认同感，拾回失去的信心。本默切创造了一个AIG（One AIG）企业识别概念，摆脱了独立品牌Chartis——这是前任CEO给美国国际集团财产保险业务起的临时名称，他相信美国国际集团的品牌是放射性的，这在当时或许是正确的。[33] 正如汉考克所说："我们放弃品牌Chartis和回归'AIG'，我们也将亚品牌更名为'AIG'，在'One AIG'的大伞下，创造一个在激励和信息共享方面更有凝聚力的公司。"美国国际集团内部也致力于恢复信心，汉考克说："可靠地持续经营必须是核心。但在五年内，我们为公司（几万名）员工换了五个首席执行官。抓住客户、持续增长、提高公众权益的唯一方法是让这些员工相信公司将生存下来并茁壮成长。鲍勃·本默切的人格在这里展现了光辉，他跑遍了每一个城市，用真挚的眼神向那里的员工展示自己是关心他们的。"

领导

使用重塑型战略的企业领导所面临的关键挑战是有效管理重塑步骤，尽管这两个步骤的特点几乎截然相反。这就需要企业领导双元性创新，解决第一阶段和第二阶段显而易见的矛盾之处，成功引导企业度过这两个重塑阶段。因此，处于企业转型阶段的领导需要接受一些既麻烦又矛盾的事实。重塑需要关注短期和长期；需要关注效率、创新以及增长；需要关注纪律和灵活的适应性；需要关注发展方向和下放权力的清晰度。

这意味着，起初企业领导需要做出艰难的决定，关注细节和透明度，支持快速进入第一阶段。领导们关注业绩分析和追踪，哪怕许多人会为此担惊受怕。同时，他们保持一个更乐观的态度，以更快的速度传达指示，保持公司员工的士气，并让员工和利益相关方致力于为长期的重塑工作做贡献。重塑型战略对于刚入职不久企业就已经开始好转的领导来说比较容易些，但对于那些在环境变得越来越恶劣的时候入职的公司领导来说，他们可能一开始就面对了恐惧、失望、没有安全感等情况，他们必须将其克服才能成功领导公司。

重塑型企业领导需要站在前沿，为第二阶段思考和设置一个广阔的愿景。当别人都在忙着“拯救”公司时，他们需要描绘出想达到的最终状态以及支撑新增长的基本创新。然后，一旦公司的生存得到了基本的保障，领导们需要推动公司从第一阶段向第二阶段转换，把重点放在一个新的、外向的、注重发展的战略上。因为创伤后遗留的压力可能会造成组织上的惯性，所以一个有效的重塑型企业领导可能需要很强的说服能力和沟通能力。企业领导者可以通过宣传实施新战略取得的进展、用额外的资源或组织透明度来有选择地支持关键的创新，通过坚持不懈地沟通和宣传帮助公司实现转型和过渡。从熟悉的短期节流状态一下子跳到探索创新可能会让企业感到陌生，因此企业最高层必须在员工面前迈出自信的第一步。

博士伦的企业领导：布伦特 · 桑德斯

博士伦的公司领导布伦特 · 桑德斯解释了他在凝聚人心和尽快应对苛刻环境这两件事中发挥的作用："开始工作的第一天，我去了罗切斯特（博士伦总部所在地），召开了一次所有员工参加的大会。我与主要高管做了一对一交流，然后我离开了。四周，我花了整整四周跟客户或者负责生产、销售我们产品的人打交道，我那样做是为了对客户如何看待我们公司有一个深刻的理解。我用了同样的方式对待全世界我们公司涉及的所有业务。"

最重要的是，你必须采取一种自上而下的领导方式，把重点放在设置、沟通、跟踪规划上。桑德斯解释道：“这个规划很大程度上是我做的，规划带来了秩序。规划中的一些东西变了，但规划本身几乎没变。”此外，纪律和速度至关重要，同时还要关注细节。桑德斯说：“你必须做出艰难的抉择，并且迅速行动。如果你不愿意做出艰难抉择提高运营效率、优化人员分配的话，那你可能就不适合这个位置。”

与此同时，你必须为长期愿景做准备并调动员工和市场的热情。“首席执行官负责制定战略，”桑德斯说道，在这一过程中，你需要传达一种乐观精神，“当你保持焕然一新的状态时，你会收获很多能让公司也焕然一新的好机会，人们会听你把话说完，你正好利用人们紧张的心理让他们把你的话听进去。”

你的行动是否符合重塑型战略?

如果你采取了以下行动，便可证明你正采用重塑型战略：

√ 降低现金燃烧率；

√ 限制资本使用；

√ 专注行动；

√ 制定重塑规划；

√ 通过附加的组织层面执行工作；

√ 后期通过有选择性地创新，投入新的模式中。

技巧和陷阱

正如我们在这一章所看到的，越来越多的企业面临着重塑的挑战，要么由于外部冲击，要么因为它们没能适应竞争基础的变化。我们同样看到，虽然重塑或转型规划为人们所熟知，但风险很大且极少成功。我们通过配对比较法，分析了重塑型战略成功和失败的原因，发现当前风险值（按利益相关方回报的波动性计算）大约等同于公司自身的价值。我们调查的对象中有 3/4 企业的短期、长期回报没有达到行业平均水平。成功的战略重塑的关键在于管理能力、调停能力，以及在两个看似截然相反的阶段（一个注重消除限制，另一个注重增长）找到重心的能力。表 6–1 展示了一些公司想要提高成功概率应遵循的技巧和应避免的陷阱。

表 6–1　技巧与陷阱：重塑型战略主要的成功因素及失败因素

技巧	陷阱
• 快刀斩乱麻：削减成本时，第一刀就要砍得深。多次削减会降低组织积极性，拉长公司盈利并恢复增长前的时间。 • 不要回头：理智地决定超越第一阶段对效率的优先考虑，创造一个专注于发展和创新的重塑愿景。 • 设想未来：观察（并交流）未来的样子，设想在第二阶段应该采用哪种战略。 • 支持基础创新：在业务模式的不同层面创新，将重点放在另一个战略上。只有当今业务模式框架下的新产品可能还不够。 • 激发希望：困境会不可避免地滋生悲观或不安全感。给员工生动描绘长期愿景，让他们知道除了短期专注生存之外，还有别的东西可以期待。用迅速的成功巩固这一信念。 • 鼓励承诺与耐心：在面对不可避免的挫折和企业内部对尚未证实的战略转移的抵触时要挺住。通常情况下，重塑型战略的愿景需要花多年时间不懈坚持才能达成。	• 早早地成功：经过第一阶段，企业宣布提前庆祝胜利，直接跳过专注于创新和增长的第二阶段。 • 砸锅卖铁：企业无视未来，持续多次推行削减成本、提高效率的举措。 • 老思想：企业无法摆脱遗留的核心假设和实践，即使这些习惯有自己的局限性或不再适用。企业过于专注核心业务，从根本上破坏第二阶段的工作。 • 比例失衡：企业只做有把握的事——如一系列新的业务重心转换——光靠这种胆识无法认清当前的艰巨挑战。 • 错误的肯定：企业相信第二阶段能够完全按规划进行，过分注重一丝不苟地执行，而没有意识到寻找一个新的增长战略存在很大的不确定性。 • 缺乏持久性：企业往往低估看到结果所需的时间（通常，这段恼人的等待会长达十年），太快放弃。

成功企业也需要变化

大多数公司后知后觉地采用重塑型战略，而不是预先反复针对环境匹配它们的战略。我们的分析表明，在努力着手转型之前，不到 1/4 的公司在市场上占领先地位，其中近一半公司处于落后状态。虽然企业先发制人实施转型的难度极大，成功案例也很罕见，但这并不能否认这种转型是必要且可能成功的。

事实上，一些公司无须冒险就能抢先进行改变。我们对几个容易被颠覆的行业（工业产品行业、非必要消费品行业、信息技术行业、医疗保健行业、电信行业、金融服务行业等）进行了为期30多年的研究。尽管面对挑战，有几个公司依然能够在其他行业衰退的时候先发制人改进商业模式，获得相对稳定、吸引人的长期回报。这些企业成功的秘诀是什么？我们将先发制人的企业分为四类（见图6–7）。

通过许多小的变化，持续的适应型企业不断改进它们的业务和运营模式。例如：面对20世纪60年代的婴儿潮和日益庞大的青少年和女性劳动力群体，麦当劳提供方便、便宜、丰富的菜单。在20世纪七八十年代，麦当劳利用全球化趋势扩大其在国际上的影响力。现今，麦当劳还在继续发展，它调整其产品组合以反映新的客户偏好，创造新的餐厅形式，给具备当地市场知识的商人特许经营权，加速适应市场。

双元性创新企业在利用现有资产和探索新的可能

图 6–7　抢先式转型

性之间保持平衡，即使在公司找到了一个成功的商业模型之后依然这么做。例如：尽管电信行业出现重大转变，美国高通公司依然蓬勃发展。该公司利用核心业务的回报发展未来业务，一直履行着它的使命——不断提供世界上最具创新性的无线解决方案。其在移动服务标准（码分多址，简称CDMA）的早期改革中，启用了全球许可业务，高通公司将从中获得的利润重新投资，发展移动晶片组业务，后者也获得了全球性的成功。今天，这两项业务继续支撑着公司的内部研发，同时通过“高通风投”——公司的风险投资业务部门——为外部合作伙伴提供资金。

业务群管理型企业开展大量业务，并随着时间不断维持不同业务之间的平衡。例如：工业联合大企业明尼苏达矿务及制造业公司（3M）有五个分部，拥有超过35个业务单元。应对市场条件，分部的销售会随着市场条件的变化产生自然的上下波动，下层业务线对业务群管理反应灵敏。3M公司的战略性收购和资产转让反映了需求的不断演变。例如：1996年，在数字成像技术崛起前，3M公司将旗下胶片部门与公司分离；该企业顺应未来发展，进行兼并，例如2010年收购自动指纹识别系统的制造商科进系统公司。这一系列举措加上严格的财务管理使得公司能够长达55年每年都提高给利益相关方的股息支付率，并且连续十多年保持营业利润率超过20%。这是十分了不起的。

行业震荡型企业推动、塑造改变，而非成为改变的受害者。亚马逊公司持续出台突破性的创新，哪怕创新只产生微薄的利润。这是为何？确切地说，是因为该公司不间断地为未来投资——比如为杂货店的冷冻仓库投资、为市中心当天送达服务投资、为数据服务器和分析器投资等。尽管该公司在图书行业建立了不容置疑的领导地位，但它并没有故步自封。2007年，亚马逊通过发布电子阅读器Kindle颠覆了自己的图书业务；2010年，亚马逊的电子书销售量超过了纸质书。下一步又会是什么呢？亚马逊公司通过为新市场创造、制定标准的方式，利用长期趋势还处于初始阶段这一特点，发现并实现公司的最佳定位，以获得不断成功。投资者十分赏光——2014年亚马逊公司的市盈率超过200，与之相对，市场平均市盈率只有10~20。

第七章

双元性创新：变通 Ⅱ

百事公司：双元性创新的艺术

提到百事公司，首先想到的就是其标志性的碳酸饮料，这款饮料在世界上享有盛名。但实际上，百事公司是一家颇具多样性的企业，其在食品饮料行业拥有22个市值超过10亿美元，还有超过40个市值在2.5亿美元到10亿美元之间的品牌。乐事、沃尔克斯、立顿、桂格燕麦和激浪只是百事公司旗下几个家喻户晓的品牌。从地理分布角度讲，百事公司也颇具多样性。现在，百事公司的业务遍及全球——在美国及加拿大的销售额仅占总销售额的50%。[1]

由于规模巨大，百事公司需同时践行多种战略。最重要的是，百事公司既需要采用经典型战略（运用核心品牌的规模优势获利），同时也需要运用适应型战略（在快速发展且难以预测的市场、类别及产品中经营业务，适应变化的竞争条件，满足客户的不同口味）。

百事公司利用以规模及定位为基础的经典型战略，在很多食品饮料产品类别中都是领头羊：在咸味休闲食品、全谷类燕麦以及运动饮料类别排名第一；在碳酸饮料、果汁饮料类别中排名第二。此外，在很多国家，百事公司也是食品饮品市场的排头兵——在美国、俄罗斯、印度等国尤其如此。在其他几个国家——比如英国和墨西哥——百事公司在市场上排名第二。[2] 对核心业务来说，从扩大大宗业务的市场预算，到与大客户的谈判能力，再到装瓶的生产规模——价值链的每一步都能获得巨大的规模经济效益。

百事公司也需要更具适应性的能力。百事公司必须应对客户行为的变化，比如客户更注重健康生活，这就需要对开发新产品及市场战略的不确定性进行管理；此外，可口可乐公司是经典型竞争者；百事可乐公司还要面对自己不熟悉的非经典型竞争者。同时，百事公司也要应对新兴市场快速变化的环境，从主要的增长来源中获取利润。因此，百事公司采用了快速而经济的“提出、适应”的创新方法，即公司在将产品或服务投向全球之前，先在某一个国家进行试验。比如，乐事“帮我们选口味”的评选，采用众包的方式确定薯片的新口味，以此抓住客户的口味以及热情，并提供100万美元的奖励。这一评比首先在英国开展，之后在澳大利亚进行，最后引入美国。[3]

通过将看似矛盾的要求相结合，百事公司成了践行双元性创新的典范。“不同的业务在不同的时期会经历不同的战略阶段，”百事公司首席执行官卢英德如是说，“公司领导必须就公司核心的主要矛盾进行协商。”卢英德解释说：“百事公司（以及任何一家跨国公司）必须同时做到对公司的各项业务进行经营和重塑，这是非常难的。”

经营公司与重塑公司同时进行，这就是挑战。卢英德说，要打破季度数据与颠覆现有业务模式之间的平衡，为未来做好准备。为了解决这种分歧，卢英德选择了双元性创新中我们称之为分离的模式。“对于每项业务，”卢英德说，“我们都有两套方案（同时进行），即日常思维方案和未来思维方案。‘我如何突破自己？’”她继续说：“经营核心业务的团队应该继续高效进行目前的工作，要关心每角每分钱里成本有多少，仿佛自己的身家性命全系于此。”另一个团队不应受“当前模式的影响，而是（应该）将精力完全放在（将其）颠覆上”。

“就说我们公司的软饮业务，”卢英德继续说，“我们要得到激浪和百事可乐能带来的每一分利润，但我们也在设计家庭碳酸机，而这种机器将会完全颠覆行业。”

当然，这一颠覆性的理念让人深感不安。但卢英德坚信这一问题必须得到解决，“如果别人这么做，那被颠覆的就是我们”。难点在于一系列矛盾必须同时解决——而不是前后相继地解决——因为“我们之前认为颠覆需要很长时间，然而它现在就在发生”，这就意味着“我们必须在经营的同时着手变革”。

双元性创新：核心理念

和百事公司一样，大多数大型公司要在多种快速变化的业务环境中经营。此类环境不仅在地理位置方面和产品类别方面日趋多样化，而且还出现了大量的新功能。这种多样性要求公司进行双元性创新，我们将双元性创新的能力定义为某一时间段或连续一段时间内运用多种战略方法的能力。双元性创新不是战略调色板上的另一种颜色，而是一种将五种基本颜色相互融合的技巧。

再次拿艺术来比喻，巴勃罗·毕加索就是双元性创新的缩影。毕加索不仅是经典型技巧大师，而且在人生的不同阶段经历了多次重大改变：蓝色时期（1901—1904 年）、玫瑰时期（1904—1906 年）、非洲时期（1907—1909 年）、分析立体主义时期（1909—1912 年）、综合立体主义时期（1912—1919 年）。

你可能知道的事

企业需要结合不同且可能相左的战略，才能在长期竞争中发展壮大的思想由来已久。

20 世纪 90 年代初，企业就已加倍努力，打破效率与创新之间的平衡，因为不断涌现的技术变革使得商业模型及产品过时的速度更快。将传统业务与新兴业务分离是当时的主导战略。

几乎同一时期，詹姆斯·马奇等学者就开始研究探索与拓展之间的组织性平衡。20 世纪 90 年代末期，迈克尔·塔什曼及查尔斯·奥莱利概述了如何建立既能扩展现有机遇又能探索新机遇的双元性创新组织。[4]

21 世纪初期，朱利安·伯克肖就阐明，企业可以通过引入情景双元性创新的概念应对这一挑战。情景双元性创新提倡个体员工不断在探索与拓展之间自主选择，避免落入分离战略的陷阱之中。[5]

最近，波士顿咨询公司确定了做到双元性创新的四种战略，再结合选择框架，指明了如何根据潜在的公司特征，选择最适宜的战略，达到双元性创新的目的。[6]

做到双元性创新并非易事。只有少部分公司能同时在动荡和稳定的阶段保持自己在行业中的领先地位，这是衡量双元性创新的一种标准。因为双元性创新需要将背道而驰的思维方式及行动方式相结合（见图 7–1）。然而，双元性创新也相当重要：2006—2011 年，最具双元性创新的公司在平均股东总回报方面，超过同行业水平 10%~15%。[7] 之前几章中，我们已经看到了双元性创新对两类公司的重要性：如将经典型成熟的业务与较新且更具适应性的业务相结合的挪威电信公司等；如随着时间转换战略的美国证券交易所及昆泰公司等。

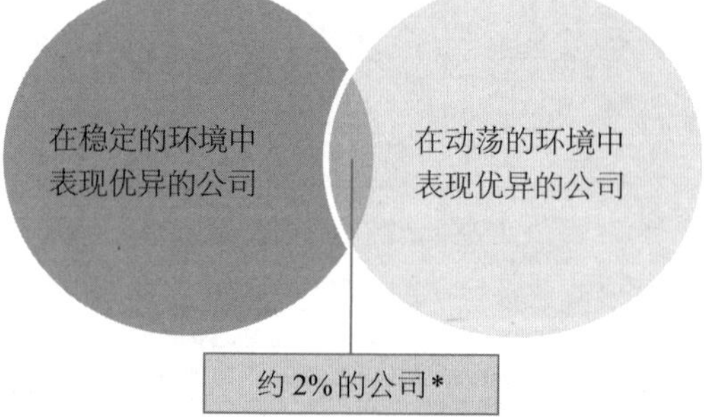

图 7–1　少数几家公司成功做到了双元性创新

资料来源：Compustat 数据库、波士顿咨询公司分析

注：美国上市公司分析，1960—2011；优异表现的判断基于市值增长，相对于行业平均增长计算。

*在动荡或稳定时期的表现位于前 25%；所有被观察的季度有 30% 可确定为动荡的环境。

有一种业已证明的战略为很多管理者熟知，他们会采用这一战略应对挑战，即分离不同单元，但我们仍找到了四种达到双元性创新这一目的的可能且明确的战略。这些战略的使用以公司所处业务环境的多样性程度（你面对多少不同环境）以及动态性（你做出改变的频率）为基础（见图 7–2）。

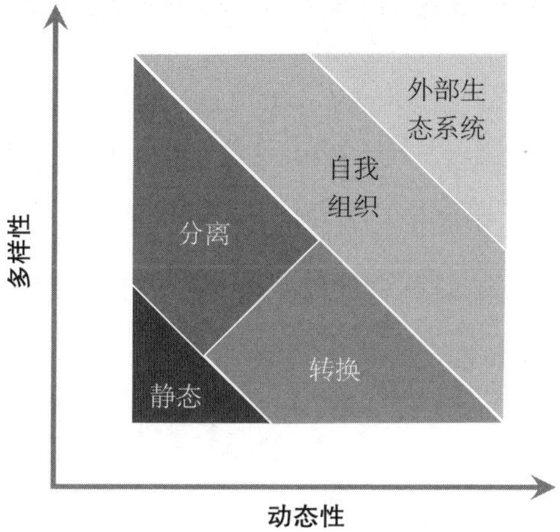

图 7–2　实现双元性创新的四种战略，作为环境多样性及动态性的运用

- 分离：与百事公司一样，很多公司都会谨慎地选择每个次级单元（无论是在部门、地理位置或功能方面）适合的战略，并以相互独立的方式运用这些战略。
- 转换：公司管理大量共有资源，而使用资源的战略随着时间变化，或者在某一时间段恰当兼容。
- 自我组织：公司的单元进行自我组织，且事情过于复杂，难以通过自上而下的方式管理这些选择时，每个单元自行选择最佳战略。

• 外部生态系统：公司通过参与者的生态系统，以外部方式获得不同战略，且参与者会自行选择最恰当的战略。[8]

实现双元性创新的四种战略：哪种会助你扬帆起航

那么，实际生活中，公司如何确定环境的多样性和动态性？我们将分析几大公司，例如韬睿惠悦、康宁公司、海尔公司及苹果公司，如何调和战略调色板上的多种色彩，在多样的环境下达到平衡并获得成功。

分离

在最简单明了的环境中，公司环境的多样性和动态性都很低。公司不需要使用双元性创新的战略，使用单一战略足以应对。环境变得更为多样时，第一种做到双元性创新的战略就是分离。公司以自上而下的方式选择何种战略适合某个次级单元（通常处于部门、地域或功能层面），并独立使用这些战略。

分离是历史上最常用的战略，洛克希德 · 马丁公司于 1943 年就使用了分离的技巧。当时，公司的任务是研制更为先进的战斗机，同时也要大规模生产已经成熟的轰炸机。洛克希德创造了两个完全分离的单元（创立了之后人们熟知的臭鼬工厂），每个单元都有独立的地理位置、资源以及文化。[9] 最近，如IBM

以及丰田公司也成功地运用了相似的战略。[10]

分离是做到二元性最简单也最普遍的战略，适用于稍有多样但在一段时间内相对稳定的环境。尽管分离涉及结构性分离单元，部署不同的战略，这一方法仍与仅仅开创单独的业务单元所使用的战略方法不同。每个单元需要自己的资源、节奏、激励政策及文化，从根本上支撑各自的战略。

传统及新型收入来源：韬睿惠悦的分离战略

韬睿惠悦是世界上最大的津贴咨询公司之一，它面临着一个棘手的挑战：确保主要收入来源——经典型定义的退休金福利业务——继续创收，同时寻找新的收入来源。[11]

该公司首席执行官何立杰称："我们已经见到了人们预言已久的经典型退休金福利规划市场的终结，但由于该业务所占比例巨大，它仍是未来十年中我们所经营业务的关键部分，但我们却不能依靠它获得未来的增长。"对于这一挑战的第一部分，作为福利金咨询市场领导者的韬睿惠悦，借助了根本意义上的经典型战略。[12] 对于挑战的第二部分，公司则开始采用更为适应性的战略。如百事公司一样，韬睿惠悦也采用了双元性创新的分离模式。何立杰解释道："我们必须处理好核心业务，以便投资创新。我们不想看到14 000人停下工作，将20%的时间花费在修修补补上。”

何立杰从三大支柱的角度阐述了自己公司的战略：第一大支柱的重点是经营核心业务，并促进其增长；第二大支柱旨在通过企业并购促进增长；第三大支柱的重点是将开拓创新作为核心能力，充分运用，使之成为增长引擎。[13]何立杰解释说：“第三大支柱的存在是我们公司前所未有的。人们总是毫无章法地修修补补，但我们的创新则会促进增长。”何立杰意识到，若想促进增长，公司不得不“稍稍涉险，与未知打赌”。作为“高瞻远瞩，促进增长”的一部分，韬睿惠悦会尝试一些“甚至没有数据让我们了解这是否是个好主意”的想法。也就是说，公司必须尝试，依靠适应型策略，而非规划。

韬睿惠悦慎重地采用了分离战略，防止业务的探索性、适应性方面干扰现有业务的效率，反之亦然。何立杰说：“组织的大部分应该关注的是保证列车准时运行。”之所以说分离战略难以实施，另一个原因是，要弥合两种战略的文化鸿沟并非易事。何立杰说：“要转换到勇于冒险的心态并不容易。”

分离战略包括将全新的适应型“创新引擎”作为其支持基础设施，以及分配资源的能力。

举例来说，何立杰成立了特殊投资委员会，审查每个提交上来的创新项目（即公司战略的第三大支柱）。“我们要确保项目继续进行的资金可以到位：如果我们不投资，你就不能进行这一项目。”此外，他还组织了“高管学徒”团队。这些优秀的员工可以自由支配25%~75%的时间，研究创造性解决方案，通过创新，促进公司商业前景的繁荣。2014年，“高管学徒”的重点是探索健康保险转换的潜在模型。

韬睿惠悦采取三大支柱战略已有三年，发展的信号令人振奋。何立杰说：“我们已经有了一些想法，刚刚崭露头角，还有一些我们已经准备好投放市场——有些甚至在几年内就能创造高达几亿（美元）的（价值）。”

分离是做到双元性创新最常用的战略，部分原因是其最为简单易行。但在很多情况下，分离战略并非时时有效，因为公司结构多为暂时性的，而环境并非如此。此外，分离还会带来一些障碍，阻碍信息及资源在各个单元内的流动，可能会妨碍单元协调、合作或相互学习的能力，也可能会影响各个单元在需要时改换重点或风格的能力。这就引导我们在恰当的时机选择恰当的战略，例如转换等。

转换

动态环境下，即公司所面临的快速变化环境有限时，就需要使用转换战略。环境或相互作用太复杂或动态性太强，难以分离不同的战略，而分离战略中人为设置的界限将降低组织的效率。转换过程中，环境有所变化时，公司也随着变化将资源提供给不同的战略，或在一段时间内转换战略。这与新公司自然发展的节奏相似。

需要转换战略的市场正是变化率高或产品周转快的市场，比如时尚产业或技术产业。转换通常用于公司生命周期的初始阶段，即快速发展阶段。例如，新兴公司在突破性产品成熟后，就倾向于使用转换战略。最初，新兴公司使用探索风格，寻找突破性产品、服务或技术。接着，随着时间的推移，新兴公司就会过渡到更具探索风格的战略，扩大规模，保证可盈利的市场地位。

使用上述方式从一种战略转换到另一种战略的例子是昆泰公司。如前所述，公司联合创始人丹尼斯·吉林斯采用了标准的愿景型战略。但公司逐渐成为世界上最大的医疗研究组织时，现任首席执行官汤姆·派克则转换为更为经典型的战略。如吉林斯所说，现在的经典型战略是真正意义上的“愿景型战略的系统化”。此外，前几章也提到，派克强调“脚踩未来”越来越需要更具适应型的战略，或者根据卫生保健行业日益增长的压力改变重点。

无论处在不同战略的过渡期，还是一个单元内多种战略共存的环境下，多种战略可以帮助公司达到转换的目标。首先，由于障碍阻挡了转换所需的流动性，所以领导者必须减少障碍，使资源和信息自由流动。打破信息孤岛可以帮助不同业务单元分享资源，避免冲突。相似的，公司创造的激励政策可以推动灵活性及协同合作。例如，既要褒奖效率，也要褒奖创新，不能只关注其一。

转换更难实现，因为这种战略既需要灵活性，又需要有效监督：领导者决定改变风格时，不同单元之间可能爆发争抢资源的冲突，员工可能会拒绝使用一种不熟悉的战略，而且组织可能无法迅速完成过渡。这些文化冲突很可能发生，让人挫败，领导者们可以通过提供灵活的中心职能，解决矛盾，例如信息技术部门和人力资源部门可以随时满足不同的需求，帮助减少过渡时期的复杂性。也就是说，部分分离（支持部门）可以意外地促进其他单元的转换。

康宁公司：成功的重心转换

康宁公司总部位于美国，是玻璃制品、陶瓷制品及其他相关产品的生产厂家。该公司在转换方面获得了持续成功——尤其是在经典型、适应型或愿景型战略中做出选择时。也许康宁公司最重要的过渡发生在21世纪前10年中期。2006年，该公司核心收入来源之一——液晶显示屏玻璃——盈利大幅下降。[14] 为应对这一局面，康宁公司开发了另一利润增长引擎。正如首席执行官魏文德在2014年所言："我们遇到不可避免的挑战时，就以创新突破难关。"[15]

康宁公司的科学家们努力工作，转而开发Chemcor这种先驱科学家早20世纪60年代早期研发出来的"肌肉型"玻璃。[16] 经过进一步精制，康宁公司推出了新型超强化防刮玻璃，即大猩猩玻璃，首次投放市场是用于苹果手机，该种材料立刻获得了成功。[17] 但当时，正如之前详细阐述的，康宁公司不得不从创新模式转换至执行模式，尽量生产可获利最多的玻璃，满足智能手机的巨大使用需求。康宁公司能够快速转换是因为其灵活的组织结构、较少的限制以及一系列共同的激励措施，保证每一位员工朝同一方向努力。例如，康宁公司将研发部门与业务部门紧密联系在一起，经常将两个部门的员工召集在一起，组建专项任务小组，解决创新及市场营销方面的新挑战。2010年伊始，康宁公司的大猩猩玻璃已出现在27亿部设备上。[18] 康宁公司现在正处于新的创新循环中，开发了完全不同的新型高灵活性玻璃，即Corning Willow，专为未来超薄显示屏及智能设备设计。[19]

自我组织

多变且多样的环境可能无法等待公司进行转换。公司需要同时采用多种风格时——而且这些风格会随时间变化时——就需要自我组织这一战略。因为转换或分离的过程是自上而下进行的，非常复杂且可行性小。这种情况下，个人或小型团队就可以主动选择某一时间段内所采用的风格。

公司可以将组织结构打散成各个小部门，为每个部门建立单独的绩效合同，获得自我组织的能力。每个部门的成员根据建立的某些互动规则自行协商，并采用自己认为能实现绩效最大化的方法——无论是经典型、愿景型、适应型，还是塑造型。换言之，每个部门独立决定所采取的战略，应对挑战本质，扮演自身角色。实际上，公司选择战略的依据是以市场为基础的模型，而非管理模式，这就需要设定高级别、长时间的衡量标准及激励措施，清晰阐明“参与规则”。公司需要确定各个部门自我组织的等级，同时也应设定互动规则（例如，内部单元的转让定价），为各个部门能够建立自我组织提供大量资源并处理冲突。

自我组织对公司是非常具有挑战性的“请求”，也有明显的缺点。单纯复制很可能给公司带来巨大的成本消耗，因为无法批量推行，而且互动和保持业绩的方式只能因地制宜。进一步说，管理层必须信任自己的员工，选择正确的战略。因为协调的成本很高，只有在环境为高度动态且多样时，才是实行自我组织战略的好时机。

机动空间：海尔的自我组织

海尔是世界最大的冰箱、洗衣机及其他大型家电的生产商，也是使用自我组织战略实现双元性创新的先驱者。[20]这一模式的创建背景是，公司颇具感召力的董事长及首席执行官张瑞敏当时正面临着一系列不同的挑战：海尔的产品涉及范围很广——2002 年，共 13 000 件产品涉及 85 个不同类别。[21]海尔处于快速变化的市场，要与国内国外的竞争者进行激烈竞争，每个类别的产品都需要采用正确的战略，快速创新，且同时做到分工，并获取经验，提高质量，保持领先地位。

1984 年，海尔公司处于破产边缘时，张瑞敏成了公司的领导者。他的出发点是找到一种方法，管理这家多样性如此明显的公司。中国哲学家老子是他的指引者，老子曾说："太上，不知有之。"[22]张瑞敏认为这说明了"不会让下属察觉到自己存在的领导者才是最明智的"。[23]

于是，张瑞敏希望创造一种组织，该组织内的各个单元都有自主决定的空间。"企业能自我运营时，会变得强大，"张瑞敏说，"员工自己做主，知道怎么做才能满足市场和客户的需要。"[24]这一全球性企业放平了其组织结构，发展出了2 000个自我管控部门。每个部门都像自治公司一样运行，有各自的损益表、经营模式、创新项目及动力。为了支持这种安排，张瑞敏设定了驾驭绩效的高等级目标以及单个部门参与管控互动的规则——包括转让价格及各部门之间延期的补偿。

2002—2013年，海尔公司的营业额实现了90亿美元到超过300亿美元的增长。[25]

克服双元性创新挑战：自我调整规则及可进化组织

乍看之下，双元性创新是一种悖论，要求公司将看上去相互矛盾的规则，在不会模糊自己意图的情况下，结合在一起。这是探索与扩展之间的平衡。

但双元性创新是否真的会打破这一矛盾？在战略及环境模拟中，我们发现这种算法不仅在特定环境中表现良好，而且会自动找到探索与扩展之间的最优平衡，也比其他只注重在混合或变化环境中只重视其中之一的简单算法表现要好。此外，这一算法可以在变化的环境中自动适应或进行自我调整（见图 7–3）。换言之，除了代表战略调色板上基本色彩的算法，我们发现了多样且可以自我调整的算法，通过恰当混合及再次混合基本色彩，打破探索及扩展之间明显的平衡。

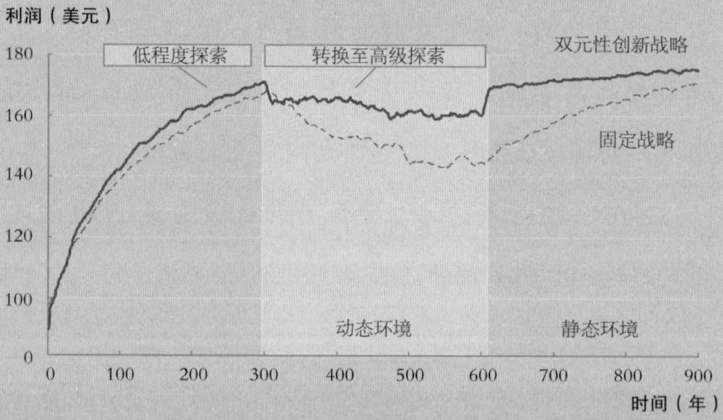

图 7–3　双元性创新的战略非常适于变化的环境（模拟）

资料来源：波士顿咨询公司战略智库MAB模拟机制

注：固定战略有固定探索率，双元性创新战略有自我调整的探索率。

我们认为组织可以复制自我调整算法中的基本特征及功能，通过利用如下方式，经常校正自己的战略：

√ 确定相当宽泛的探索空间；

√ 通过衡量所有可用信息，模拟各个选择的预期效果。
√ 快速经济地测试有前景的选择；
√ 获得新信息时，快速更新各个选择的评估，通过增加、停止或再利用投资，重新分配资源；
√ 在恰当分析的帮助下，快速重复上述步骤，以此克服信息的复杂性以及制定明确管理决策的速度限制；
√ 衡量结果，优化算法，应对变化的环境。

仿佛并非意外，围绕这种算法经营业务的公司，如网飞公司、亚马逊公司及谷歌公司，似乎都经营良好。尽管是非正式的，但这些公司都在自己的组织内应用了相同的原则和战略。这些公司可以成为我们称之为可发展的组织，在整个组织内体现自我调整的双元性创新。我们预测，可发展组织及可发展战略的出现，对所有企业来说都将越发重要，正如类似技术也愈发为人理解，且越来越规范。

生态系统

在最为复杂且动态的情况下，公司无法在其内部创造或管理整套所需战略时，可能需要借助多样的外部生态系统。由于其高成本和高风险，这一战略只适用于最为复杂的情况——公司需要付出代价，建立生态系统维持平台，而且由于其相对于其他公司的独立性，公司还会面临对自己业务模型失控的潜在风险。本质上说，充满活力的生态系统是自我组织战略的外部化版本。在很多方面，获得成功的要求和权衡之策与塑造型战略相似。

正如塑造的过程，建立生态系统时，公司要确定自己拥有的能力以及需要从外部获得的能力。公司需要明确自己要与外部成员创造双赢的关系，生态系统中的激励措施及过程应该结构良好，长期保证生态系统的活力及多样性。从内部角度看，公司文化的重点应该是关系的建立、多样性及外向性。

复杂网络的协奏曲：苹果公司的生态系统

我们已经知道苹果公司如何塑造应用程序开发者的生态系统，以满足自身设备对用户有价值的必要范围及多样性。同样的逻辑也适用于苹果公司生产设备所需的一系列零件。没有生产的生态系统，苹果公司绝不可能在 2007 年开发出苹果手机。从客户角度看，优雅简洁是苹果公司标志性产品的成功之处：易于操作的界面，时尚的设计以及快速有效的操作系统。然而，这一创造依靠的是不同公司组成的复杂网络，而这一网络正是由苹果公司组织协调的。

为了开发苹果手机，苹果公司需要实施几种不同的战略：愿景型战略用于开发整体概念及新型芯片技术；适应型战略用于调整软件及硬件零件，适应变化的客户需要及技术可能；而经典型战略则用于获得组装规模及效率。此外，要求也会随着产品换代及产品本身变化。苹果公司无法实际做到内部调和所有必需的多样性和动态性——毕竟，苹果公司之前从未开发或出售过一部手机，更不用说智能手机了。

因此，苹果公司巧妙地创造了一种公司生态系统，而非自己拥有苹果手机的供应链。中国富士康公司组装零件，康宁公司制造玻璃屏幕（如上一章提到的），博通公司生产无线网络芯片，英飞凌公司制作基带处理器，而安谋国际科技公司则负责设计苹果手机的大脑——手机处理器——这只是苹果手机生态系统中的几个关键参与者。[26]

战略应用的两个层面

乍看之下，做到双元性创新的不同战略围绕着组织、激励措施及资源分配有不同要求，似乎令人迷惑。之前章节中讨论的每种战略对组织、资源及衡量标准也有一系列明确的要求。那么，双元性创新的要求会替代上述各项吗？

答案是否定的。实际上，比起战略，某个特殊分支，践行双元性创新的要求更会影响公司高层。举例来说：经典型及适应型战略分别负责控制试验的规模和经济性。为了以双元的方式将上述二者结合在分离战略中，公司需要设定单独的单元，独立控制规模或试验。因此，双元性创新并未提供基本战略色彩的细节，而是说明了如何在保持整体性的同时，将基础色彩结合在一起。

二元性之上？战略调色板的明暗

之前几章，我们解释了五种原始战略——每种都有在不同环境中独特的思考及行动方式。本章已经阐述了如何将之混合，同时或相继使用多种战略，应对大型公司实际面临的广阔环境。

尽管到目前为止，我们只是强调了可能性或不可能性、可塑性或不可塑性以及吸引力或驾驭能力色谱上的两段。但实际上，公司战略还需要持续连接中间点和变化点。因此，尽管战略的基本色彩及其组合都是公司的基础构件，但实际上，公司也要运用战略调色板上的明暗。

换言之，每种战略都需要校准。举例来说，适应型及经典型公司存在于战略时速表的两端。但实际上，即使是最具适应性的公司也不会试验所有理论上的可能，无论是数量还是速度；而经典型公司仍有一些试验性的部分。相反，试验的节奏及程度由环境变化的循环时间、竞争者的适应性及试验成本决定。适应型战略也是如此。尽管经典型公司很少开创全新的市场，它们可能还是会尝试通过运用品牌化、建立类别及推广新的应用环境等方式改变需求。

将之放在更为广阔的范围内考虑，每种标准战略的差别及绝对性就会变弱。更确切地说，这提供了一种语言和逻辑，用于遇到特别战略挑战时的决策，使领导者们能够提出正确的问题，根据环境及公司对整体性的适应，发展一系列正确的能力。对这种思维方式的精通，能够促进并协调不同环境下的不同思维方式，帮助领导者识别可能需要进行战略调整的信号。

最终，领导者才是公司一系列战略的调色师，这是我们将在第八章讨论的主题。

领导者的功课：成为绘图师 Ⅱ

辉瑞公司：迎接复杂性

从各个方面看，辉瑞公司都是一家规模巨大且复杂的公司：其员工人数多达78 000人，收入超过500亿美元，是世界上最大的研究型制药公司。晏瑞德于2010年成为首席执行官时，辉瑞公司正面临着重大挑战：与惠氏公司整合的收尾；世界上最畅销的药品立普妥的专利即将过期；研发生产力的下降；21世纪初期市值达到历史新高后出现暴跌。[1]

在晏瑞德的领导下，辉瑞公司成功地解决了上述难题，股票价值也有大幅提升。他是如何做到的？其中一点是，晏瑞德明白，辉瑞公司这样的大型而复杂的公司无论在客户产品、疫苗及创新药品等单元之间，还是在成熟市场与新兴市场之间，都需要非平均化的战略及执行方式：“一家大型且多样的公司需同时在（战略调色板上）多处着色。”晏瑞德强调，每个单元需要有自己的战略，“这些单元各自独立且都有全球性，有自己的文化及重点”。

上任之初，晏瑞德进行了战略评估，结果显示辉瑞公司需要重新思考自己管理多种业务资产组合的方式。因此，他优化了组织结构，为创新药及已有产品开创了独立且具有全球性的独立业务单元，并建立了由同一个资深执行官管理的客户、疫苗、肿瘤等独立单元。此外，他还分别在2012年及2013年成功转让了辉瑞公司婴儿营养品及动物健康单元。[2]

结果是一系列的商业化运作，每个都面临着非常不同的战略环境。全球创新制药（GIP）单元负责通常由专科医生开出处方的新型高价值疗法。另一方面，全球成熟药品（GEP）单元的重点是已经或即将失去独有权并将在竞争激烈且动态市场中竞争的产品。晏瑞德比较了两个单元：“GIP需要的文化与GEP需要的不同。问题是，如果分离程度够高，我们是否能让它们共存？”

晏瑞德解释说，辉瑞公司实际上面临着多种互有差别的业务环境：客户业务的竞争环境管理程度低，而营销的速度相对较快；疫苗用于预防疾病，而非治疗疾病，有完全不同的经济效益，涉及公共卫生当局；肿瘤与二者皆不同，由于产品只为一个目的开发并在其他人身上试验，最后由专科医生开处方，因此涉及更多的是与基因诊断试验的结合。

由于环境多样，晏瑞德建立了不同的功能单元，例如全球供应单元、研发单元及财务单元，各个单元都有区别明显的战略。例如，研发单元需要捕捉通常是意外获得的新发现并围绕这些新发现行动。这就需要试验性战略以及灵活的资源分配机制，即适应型战略。然而，辉瑞公司初期的科学工作通常与学术医疗机构及大学合作完成，更像是愿景型战略，关注医疗需求高度未满足领域的前沿科学，即某天可能变革医疗成效的创新性科学。[3]

因此，晏瑞德迅速区分了组织各个部分的战略，但他也意识到由此而来的明显的复杂性可能会让员工或投资者迷惑不解。为应对这一局面，晏瑞德设计了四种简单的方案：（1）优化公司创新和新的表现；（2）高效分配资源；（3）获得社会尊重；（4）培养主人公文化，让员工对自己的决定及其结果负责。这四种方案一致描述了贯穿辉瑞公司战略的主线。晏瑞德称："根据四种规则，我设定了清晰的目标及任务，帮助公司在不同业务之间的调整，我们的讨论都是以此为背景的。"

例如，第三项规则需要对包括政府及个人在内的股东说明，预防疾病及治疗疾病方面的创新对社会健康来说至关重要，对这项规则的执行战略由业务单元制定。然而，尽管辉瑞公司内部各业务的战略都是独一无二的，但第四项规则则致力于在全公司培养主人公文化，向员工释放信号，即在每个业务单元特有的营销战略框架下，公司不反对员工冒险，但前提是要做到深思熟虑。

晏瑞德强调文化在各单元执行的重要性："成功需要正确的文化。战略及组织一起产生。我认为最难得的不是找到正确的战略，而是执行。"

简而言之，晏瑞德发现了在组织不同部分运用不同战略并执行的需要，正确划分了组织，决定各处应采用的战略。接着，晏瑞德通过创造统一的主题，在公司内外推广自己的战略，让经理们可以看到自己战略选择背后的主线。

这一行业的研发生产力仍步履维艰，处于这一行业中，辉瑞公司将一系列新型且有品牌的药品带入了市场，仅在2013年就有两种药品上市，而第三种也即将得到食品及药品监督管理局的批准。同时，去平均化的战略让公司的复杂性降低，2011—2013年，公司的年度成本基础减少了40多亿美元。最终，在晏瑞德的任期内，辉瑞公司的市场总值在2014年增长了近50%。[4]

绘制战略组合：核心理念

辉瑞公司体现了本书逐渐说明的共同主题：大型公司需要执行多种战略。因为大型公司不可避免地要在多种战略环境中经营；此外，这些环境也会随时间变化。成功的公司可以应对选择、结合及有效执行恰当战略组合的挑战，并在环境变化时，对其进行动态调整。在第六章中，我们了解到了几种应对这种挑战的组织性及经营性战略。

但在绘制组织内动态的战略组合，即我们称之为战略组合的方面，领导者扮演的角色至关重要。领导者必须管理一种微妙的不平衡状态，当组织在熟悉、成熟并获成功的区域遇有自我封闭的自然趋势时要善于打破这一局面。领导者们所处位置非常特别，需要理解外部环境，决定各个战略应用在何处，并知人善用，执行每种战略。此外，在公司内外推广自己的战略方面，领导者的角色也非常重要。同等重要的是，通过外部导向，由强行改变战略，进行自我颠覆等方式，领导者们必须使战略组合切合当前情况。最终他们会选择性地影响单位策略的执行。通过提出适当的问题，防止主导思想使得单位短视，最终在关键决策中展示他们的支持。

我们采访的很多首席执行官都强调，绘制战略组合是区分有效及无效战略设定及执行的关键，也是首席执行官的重要角色。正如百事公司的首席执行官卢英德所说：“你就一种战略侃侃而谈，这就说明有问题！对于百事这种相对多样的公司来说，你必须在不同业务中，应用不同的战略思维模型。例如，在互联网经济盛行的世界，我们的产品如何在电商时代表现必须得到重新思考，而且我们可能在这一点上会发现新领域。”

我们也经常听到，绘制战略组合非常困难，因为它涉及调和明显的矛盾，但同时也是领导力的重要衡量标准。美国国际集团的彼得 · 汉考克曾说：“我经常听到这样一句话：‘你给我的都是矛盾信息。’我会说：‘你是领导者，你得到报酬就是为了传达矛盾的信息！’既增长又收缩。我们处在复杂的世界中，有些领域会增长，有些会收缩，这就是我们为什么要给经理报酬——他们得思考！”

复杂多变世界中领导者的重要角色

当今市场环境多样而复杂，领导者们需要成为多种战略动态组合的绘图师。这一任务要求领导者适应八种角色，并表现优异，保证战略组合达到效果，并在环境变化时继续起作用。图 8–1 就是一家公司的战略如何随时间在各个单元或功能部门中变化。

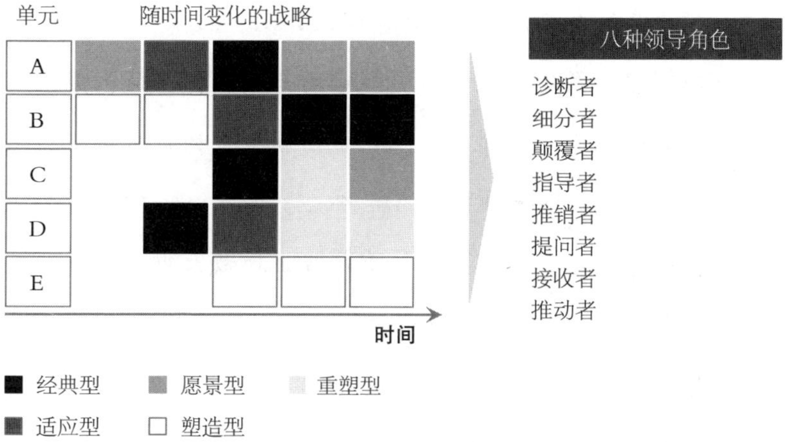

图 8–1　战略组合，及在变化的环境中动态保持其恰当性，领导人需扮演的八种角色

- **诊断者：**不断从外部视角判断每种业务环境下的可预测性、可塑性及环境严苛性，将之与公司每个部分需要的战略相匹配。
- **细分者：**恰当间隔各个层次，调整公司结构，配合适应环境的战略，平衡精确度与复杂性。
- **颠覆者：**不断根据环境的变化审视及区分，避免组织僵化，并在需要时调整或改变战略。
- **指导者：**根据个人能力，选择正确的人管理战略组合中的各个部分，从理解和经验两方面，帮助其加深对战略调色板的理解。
- **推销者：**将战略选择作为整体，以清晰连贯的方式，向投资者及员工推广并交流战略选择。

- **提问者：**设定并调整每种战略的正确环境，提出探索性问题——而非口述答案——帮助刺激每种战略恰当的关键思维流，即每种战略的特征。
- **接收者：**经常了解外界，有选择性地放大重要信号，确保每个单元与变化的外部环境保持一致。
- **推动者：**支持选择关键的措施，加速或鼓励战略执行，尤其是战略已经改变，并不熟悉或可能遭到反对时。

我们将详述这八种角色，以及各个首席执行官如何实践。

绘制组合：领导者的八种角色

诊断者

领导者们第一个重要角色就是判断公司所处环境，决定最佳战略，即总战略家。通过在地理位置、功能及行业区分方面评估不可预测性、可塑性及环境严苛性，领导者们可以为公司的各个部分选择恰当的战略。

作为诊断者时，领导者们需要深刻理解环境的基本组成要素，并据此选择恰当战略。例如，晏瑞德就称辉瑞的商业单元需要使用不同战略：“全球成熟医药战略特别以客户及服务为中心，而全球创新医药则更以向外传递价值与创新为导向。两个单元必须回答根本不同的问题。”对全球创新医药来说，这意味着思考：“我是否可以让创新具有可预测性？我能否生产足够有附加值的产品？”而全球成熟医药则需自问：“我是否可以降低成本？我是否可以进入正在增长的不同领域？”

做出正确的判断需要根据公司情况，找到战略调色板中最独特的特质。由于很多公司通常具有色谱两方面的特征，而且差别可能非常微小，做到这一点并非总为易事。例如，晏瑞德解释说，在自己的公司中，对成熟产品的业务来说，即使有一些复杂的动态因素及可能的不稳定因素，经典型战略依然最为适宜：“全球成熟医药业务在理论上具有可预测性。价格可能反复无常，但鉴于未被满足的需求，我们希望扩大规模用以应对。”

细分者

决定将不同战略应用于何处时，领导者需要对自己的组织进行正确区分。为了做到这一点，领导者们必须平衡准确度与复杂性。领导者在分配战略时越为仔细，战略与部门之间的配合度就越高。理论上说，地理位置、功能及行业的十字路口都可能需要不同的战略：对成熟市场中成熟类别的规划可能与快速增长的市场中新型产品不同。但实际上，精心区分的区域可能带来过多的复杂性以及自我调整的协调成本（如我们在自我组织部分讨论的，本书之前也强调这一点亦有例外）。

有时，单纯凭借地理位置或功能就能制定合适的战略；有时，首席执行官可能认为，尽管有额外成本，但更为精心的划分也是必要的。无论如何，高层对此负有责任。在百事公司，卢英德不仅为业务单元制定战略，同时也在管理与大部分核心业务单元日常运营平行的“颠覆”团队。例如之前提到的，卢英德有一个运用适应型战略的开发家用碳酸饮料设备的团队；同时，她所带领的激浪饮料团队运用经典型战略扩大碳酸软饮销售额：“每种业务中，我们都有两条线：日常线及未来线。负责日常运营的人是不会思考‘我如何颠覆自己？’这个问题的。”

另一方面，领导者可能会在整个公司使用单一战略，尤其是行业达到根本转变的巅峰时，所有业务单元最终都会受到影响。例如，肯·谢诺尔特在美国捷运公司走出衰退后，实施了一种在技术方面颠覆公司所有业务的战略。“我们当时不得不做出选择，”谢诺尔特说，“我们是成立关注数码的独立业务单元，还是让整个公司迎接数码变革？我的决定是后者。而我们构思的不只是数码变革正在发生，而是为什么我们能成功成为变革的领导者。”

颠覆者

纵观全书，我们已经说明，不仅最初选择正确战略很重要，而且随着时间转变战略适应动态变化也十分重要。领导者在引导，甚至强制进行这些过渡中扮演着关键角色。随着环境变化和公司发展——而且是愈加快速地发展——领导者们需要不断检查自己的战略组合，必要时进行调整，与所处环境中不可预测性及可塑性的变化保持一致。

这种不断地调整并非易事，而且也并非自然发生。如波士顿咨询公司的创始人布鲁斯·亨德森所说："过去的成功总会在当下大放异彩，它会导致人们高估带来这种成功的做法和态度。"[5] 因此，领导者的一个关键角色就是保持组织战略的流动性。实际上，这意味着领导者们需要从外部视角看待环境潜在特征的变化，而这些变化可能会影响不同部门对战略的选择。通过外部评估，领导者必须同时扮演两个角色：对抗墨守成规的惰性；以及阶段性自我颠覆的催化剂。

正如卢英德所说，自我颠覆的可能性需要不断在领导者的思想雷达上出现："我总在问：'我如何颠覆自己？'看着当今世界的趋势，我会说：'天啊，如果这类事或那类事发生在我们行业，我就完了。'不愿面对问题并不代表问题就会消失。"因此，领导者必须在企业中推动变化："如果颠覆没能从高层开始，那么由于现金流胜过未知，企业高层将把颠覆扼杀在摇篮中。”

指导者

由于领导者设定战略，继而交由自己的团队执行，知人善任并让他们在理解上及经验上了解战略调色板也是领导者们最重要的工作之一。把正确的人才安排到公司正确的位置上是首席执行官永恒的主题。

理想情况下，任何管理者都有能力实施任何战略，但通常每个管理者都自然而然会倾向于使用五种色彩战略中的一种，而非其他战略。最具前瞻性的愿景型企业领导可能拥有与注重纪律的经典型企业领导不同的特质。由于团队会在环境适应其优势时做到最佳表现，为此团队做到这一点尤其重要：团队成员的专业技能应该与有效执行其业务单元所要求的技能相匹配。

卢英德称：“有这样两种人：第一种人具有双元性创新能力；第二种人能把手头的事做好，但无法跳出以自己的眼界看问题的思维圈子。作为首席执行官，我们不期望每个人都具有双元性创新能力，这也不现实……（但是）要让他们能够按时完成任务。”

与此同时，举例来说，尽管有时经理们需要执行注重纪律的经典型战略，但也可能需要至少在某些方面实施其他战略。因此，成功的领导者能够睿智地、老练地调配自己团队的战略调色板。肯·谢诺尔特阐述了美国捷运公司的发展战略：“在我们的领导模式中，我会讲到从实际情况出发的领导力。有人会问：‘你是哪种类型的领导者？’但该问的不是这个。一天结束时，你必须根据实际情况和员工的准备状态进行领导。实际上，你必须得自愿经历多个阶段，还要同时紧跟一系列领导风格。”

企业领导会睿智地培养员工能力，从而使之反映在战略的制定和不同战略之间的价值与区别上。领导会教员工培养一种认识所处环境，并发现在不同环境下获得成功的最重要潜在因素的能力。领导也会鼓励员工自我反省。

领导们也会给员工提供直接体验不同战略的机会。自彼得·汉考克于2010年加入美国国际集团，当时的首席执行官鲍勃·本默切就让他直接体验各种不同战略，扩展其对不同战略的理解。2011年，本默切将担任财务、风险及投资部门经理的汉考克调至财产保险部门，担任该部门的首席执行官。汉考克需要迅速熟悉新战略。“我们偿还了美联储的钱，2011年进行了股份交换，鲍勃让我换一个新角色，于是我的生活一夜之间从思考结构调整变成了思考以下几点：（1）我应该如何学习足够多有关保险行业的知识；（2）我应该如何发展业务，让公司繁荣发展？……接着，我们不得不思考如何创新，如何妥当地开展新业务。”通过让员工担任具有挑战性的新角色，不仅在公司高层人才中建立了元战略技能，也让员工获得受信任、可依靠、有价值、有权力的感觉。

推销者

成功的基础包括内部利益相关方的联合，也包括外部参与者——如投资者、客户、合作伙伴——的支持。因此，企业领导需要从内外两方面推销自己的战略原理。然而，从辉瑞公司晏瑞德的例子可以看出，不断变化、不停改动的战略可能会让员工和投资人倍感迷惑。这种情况下，领导者的角色之一就是起草一份说明，帮助利益相关方整体理解该战略，并阐明其中的共性。

以领导者与投资者进行交流的角色为例。例如，由于公司采用了适应型战略，领导者无法精准预测公司的表现时，华尔街可能仍会希望公司的报告遵循本质上的经典标准线。这时，首席执行官需要传递一种信息，在不会让内部股东分心或迷惑的同时，满足外部股东的要求。

卢英德详述了这种挑战。在她的例子中，卢英德需要告诉股东保持百事公司传统的经典型元素，也要抓住其创新，但可能并不熟悉的颠覆战略，她必须平衡二者：“投资人与你谈话时，通常围绕着（数据表）某一行或者一列的数据。因此，无论你做什么，你必须通过规模、市场占有及成本安全着陆。只有你安全着陆后，飞机滑行到对接口时，你才能说：‘我同时也在做别的事。’”

同样地，汉考克的实例告诉我们本默切如何说服股东在金融危机之后支持自己的战略，如何说服美国财政部及美国联邦储备局支持自己的规划，以保护公司完好无损并回归市场，以全额回报美国纳税人作为交换：“我们必须找到不同的投资者，让他们拿出数十亿美元进行股本投资，而且并没有什么管理最初浮动的手册。我们既需要说服那种能否决我们短期规划的股东，也要说服那些从长远看，能对我们提供关键支持的股东。”

本默切意识到，从根本上看，当时股东无法协调。他们无法在一件事上达成一致：公司到底是一堆需要破产重组的资产，还是仅仅是因为一种持续的担忧，才使得美国国际集团的企业价值下跌了150亿美元。本默切说服股东们各退一步，解释说如果可以有效调解分歧，他们就可以分享150亿美元的“和解红利”。[6]本默切的说法起作用了：美国国际集团的债权人决定配合，在2011—2012年一系列六次发行中，美国国际集团出售的美国国际集团股票超过440亿美元，使美国政府净获利227亿美元，成功结束了政府拥有公司的时代。[7]

不同战略所面临的问题

每种战略都有自己代表性的思维流，因此其自身特有的一系列问题能够引导战略的形成及执行。下面，我们一起考虑每种思维流的范例问题。尽管并不详尽，但这些问题可以说明如何通过适当的探索塑造或优化团队的战略。

对经典型战略来说，问题呈前后相继的流线型，与分析、规划和执行的思维流保持一致。例如，想要采用经典型战略的领导者可能会问自己的管理团队："我们所处环境如何？我们的竞争优势是什么？目标是什么？达到目标需要哪些步骤？为了实现目标，我们需要获得哪些能力？"

在适应型战略背景下，领导者应该重复提问，核查公司是否沿着变化、选择、拓展的咒语前进。例如，要想查看变化的重点是否正确，领导者们可能会问："外部变化模式是什么？可预测项有哪些？我们不知道的是什么？我们的盲点有什么？我们的速度是否与环境匹配？"进行选择机制压力测试时，领导者们可以问："我们如何知道某个项目是否值得继续？我们是否失败太多次了？我们从失败的项目中学到了什么？"最后，他们可以询问拓展成功项目的战略："从试验到产品，我们需要知道什么？如果把实验变成可以带来 10 亿美元的业务，需要做什么？"

采用愿景型战略的领导者会希望关于设想、建立、坚持的思维流的问题都能得到清晰明确的答案。他们首先可能提出这样的问题："我们想要得到什么样的未来？我们认为其可行、有价值且未被占领先机的自信源于何处？公司是否也清晰地看到并相信这一愿景？"接着，为了验证这种假设实际上是否可行，他们会问："我们想要建立的是什么？我们如何实现？"最后，验证这一愿景是否获得了足够的坚持，他们会问："我们是否是领头羊？我们如何根据自己的愿景教育市场？我们可能遇到的障碍或已有障碍有哪些？如何克服？"

塑造型战略需要回答完全不同的问题。为了保证战略起作用，要与外部参与者一起参与、协调、共同发展，领导者的问题可能是这样："我们如何获得双赢？我们如何影响股东生态系统以获得优势？我们可控的方面有哪些？我们需要掌控什么？我们如何确保自己的生态系统一直健康？"比起直接询问战略，领导者要检查机制是否能让战略不断自动浮现："我们是否一直有效地发展平台，进一步学习？”

为了创造战略更新的环境，领导者要检查自己的管理方式是否做好了两方面的准备：生存以及反应、高效、成长这一思维流的新阶段。首先，领导者要确定为保证生存所做的是否足够：“我们是否已经足够深入？我们如何知道自己进入了正确的领域？”因此，领导者们也可以确保公司长期的活力也在思考范围内：“我们如何有战略地创新，保证长期繁荣？我们何时从生存转换为繁荣？公司是否为增长和创新提供支持？”

提问者

领导者们一旦为各个单元选定恰当的战略并在各个岗位安排了适当的人选，就要通过提出正确的问题，为有效执行奠定基础。显然，首席执行官既没有时间，也没有信息可以直接领导各个单元，也很难参与日常决策。通过提出正确的问题，执行长官可以帮助员工沿着恰当战略特有的思维流思考，无论是分析、规划还是执行其业务的经典型部分，还是变化、选择并扩大更具适应性的单元。

我们采访过的很多首席执行官都强调了提问的价值。卢英德解释说："你必须提出正确的问题，假设有正确的人可以给出答案。首席执行官在大多数领域稍稍深入、广泛扩展，而在某些你认为（企业）并未获得这些能力的方面相当深入。首席执行官的责任是了解形势，正确提问。"

通过询问和构架，首席执行官能让公司正确执行恰当战略，而不是根据指示决定战略的实施。除了赋予员工权利，负责监督各个战略成效的首席执行官还可以获得有依据的可预见性。答案的成熟状态和质量可以让领导者知道管理层到底对战略了解如何。同时，问题还能让管理层把注意力放在如何能得到最恰当的战略上。

接收者

为每个单元选出恰当的战略后，领导者们就要通过确定公司与外部环境的协调，帮助战略的后续执行。为此，他们需要不断朝前看，有选择性地放大重要的信号。他们会用现实挑战自己的公司。

领导者所处的位置非常特殊，需要跳出公司的主流思维模式，挑战已有观念。例如，这可能意味着发现新的愿景式机会，确定适应型战略中的已有缺陷，或者以全新的视角看待经典型行业中的行业界限。

久而久之，已经成熟的单元倾向于内向视角，依靠自我强化，主流逻辑——随着执行某一战略的而愈加成功的趋势。领导者可以帮助打破这种自然趋势。如肯 · 谢诺尔特强调的：“大型公司的危险之处在于，你只接受一种思考模式，也只接受一种行动方式。我要对公司表明的一点非常简单：如果你说我们身处变化的世界，那就意味着单一方式行不通。”

作为接收者的领导者可以积极寻求不同的外部视角——甚至是显然与企业无关的视角。例如，卢英德就会寻找多种灵感来源：“我会参加展会——无关的展会：零食、饮品展会还和公司业务有点儿关系，但我也会去供应链展会、数码展会、家用电子产品展、设计展以及硅谷的快闪活动等。”

和卢英德一样，美国国际集团的汉考克也看到，自己的团队在日常的基础上表现不错，但从更外向型的角度和创新战略的扩展使用会更对公司有所助益。因此，汉考克创立了科学团队，为稳定的保险业业务带来了全新的独特视角。汉考克解释说，这个团队由一系列社会科学家、数据科学家、物理学家、生物学家和经济学家组成，其唯一的核心任务是：持续为美国国际集团的核心业务提供颠覆性视角。[8] 汉考克说：“根本上说，这是公司核心创立的研发团队，负责变革我们处理业务的方式。”

推动者

最后，推动者远在发现外部变化并提出颠覆性观点这一角色之上，因为即使是最具说服力的叙述，对没有活力的大公司来说也不过是对牛弹琴。然而，领导者无法找到所有有价值的方案。相反，有技巧的领导者有选择性地支持高调且关键的方案，向全公司说明变化可能发生，且非常有利，是必须且令人激动的，最重要的是，这种变化得到了上层的支持。

卢英德选择性地将精力放在最有可能从根本上影响公司发展方向的变化上。她提出了如下建议："为需要推动力的主题挺身而出……最初是上层的推动力，接着它就会变成拉动力量。"例如，卢英德发现百事公司的饮料设备团队在时间期限内难以成功，于是便投资成立了一个独立团队，开发更具创新性的设备。"某天，我们的现有团队突然觉醒了，发现'我们需要完全不同的饮料设备，要有全新的用户界面，也要有新口味'，接着其他团队就能说：'是的，没错，我们已经为你们准备好了。'"现有团队在被动情况下推动变革，因为新设备不得不对抗现有业务——这是相当可怕的想法。但从卢英德说出的前瞻有利位置看，她可以知道未来的需要，并且会帮助团队扫除障碍。

技巧与陷阱

在匹配战略和环境方面，领导者需要扮演一系列重要角色，使得之后的战略组合具有动态性，并促进这些战略的执行。我们为本书采访过的首席执行官们说，最艰难也最具有价值的挑战是管理大型公司固有的动态复杂性，而这种动态复杂性需要同时或相继采用多种战略。

首席执行官需要精通两种能力：领导多元化的公司；绘制战略组合。这种固有的矛盾是伟大的领导者与优秀经理人的区别。表 8–1 列出了一些我们采访和研究中发现的技巧和陷阱。

表 8–1　技巧与陷阱：适应型战略主要的成功因素及失败因素

技巧	陷阱
• 接受矛盾：你领导了多种战略，而这些战略的需求可能迥然不同，这并非不可接受，但关键是要为每种环境定制方针。 • 接受复杂性：在公司内部介绍复杂性，说明复杂性如何在不会产生过高协调成本的情况下，优化环境与战略的匹配。 • 简要解释：最终的战略组合也许会使员工和投资人困惑不解；找到战略组合共有的主线，讲述一个简明的故事 • 外向视角：利用特殊的位置，抵销公司自我固化的趋势，通过保持公司外向型的焦点和流动性，长期维持主流观念。 • 心怀疑虑时，进行颠覆：公司会自然而然地确定行事模式。在动态的环境下，相较于不必要的颠覆来说，过度强调连续性更为危险。	• 调色板色彩单一：任何大型公司对单一的、未被质疑的且未曾改变的战略视角来说都太过复杂。避免过度简化或统一。 • 管理而非领导：如领导者八种角色中涵盖的，过度深入管理各个战略会妨碍你从更高层次塑造战略组合。 • 为意外而规划：在快速变化且难以预测的世界中，为了获得精准预测和规划而过度投资可能会产生反效果。卓有成效的领导者会意识到，有时规划并非优秀领导的标志。 • 僵化：有些领导者选择了某种战略，但即使原有路线已在变化的浪潮中难以生存，新的信息浮现时，领导者却不愿随之而变。

附录A

自我评估

你的战略是什么？

这一快速自我评估的目的是评估环境、你想采取的战略及你实际战略之间的匹配度。

当前应用的战略

请选择最符合你当前战略的描述。

A. 我们设定了清晰的目标和规划，很少变化，且我们执行该规划以实现目标。

B. 我们致力于实现想象中的最终状态，且灵活应对前进路上的障碍。

C. 我们发现降低成本，保存资本的机遇，以详细的规划为指导，最终确定新的增长路线。

D. 我们经常扫描环境，寻找变化的信号，并将其用作实验组合的指导，再次利用成功项目使用的资源。

E. 我们积极与行业内其他股东及公司合作，创造共同的长期愿景，并建立促进合作的平台。

请勾选你的答案，并将其写在这里：□

你认为的商业环境

请选择最符合你认为的商业环境的描述。

F. 我们的行业或公司因内部或外部冲击而动荡，或不符合变化的商业环境。

G. 我们的行业足够成熟，可能被想象中的新参与者颠覆。

H. 我们的行业动态性很高，难以预测，因为客户需要、技术和竞争结构总在变化。

I. 我们的行业内，需求和竞争结构都有稳定可预测的模式。

J. 我们的行业可以被参与者的联合和协同合作而重塑或再塑。

请勾选你的答案，并将其写在这里：□

你想要采用的战略

请选择最符合你目前想要采用的战略的描述。

K. 我们不断更新竞争优势，利用自身的敏捷度和灵活性。

L. 我们通过巨大的规模或优异的能力，构建可持续的竞争优势。

M. 我们通过利用想象、速度和坚持，观察并发现新可能而获得成功。

N. 我们通过建立或维护与其他公司和股东协同合作的平台而获得成功。

O. 我们关注确保短期活力，作为通过重新整合战略，促进增长的开端。

请勾选你的答案，并将其写在这里：□

结果：你是否采用了正确的战略？

请选择最能反映你答案的字母，包括实践中的战略，你认为的环境以及你想要的风格：

看看结果，请反思以下问题：

- 当前的战略是否与你想要采用的战略一致？
- 你想要采用的战略是否与你认为的环境相匹配？
- 不匹配的原因是什么，我们如何解决这些不足？

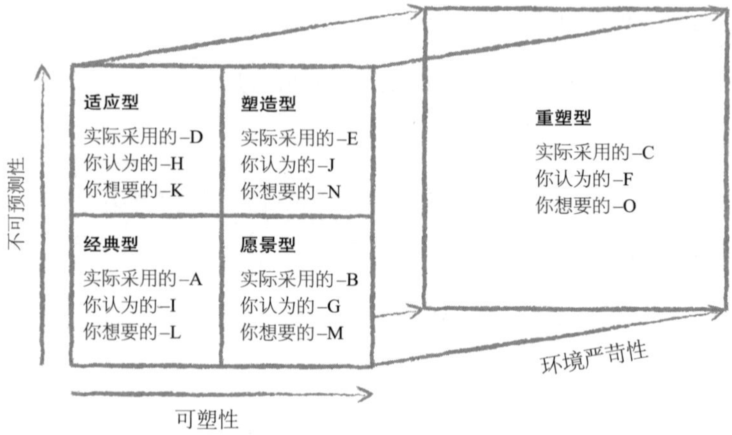
适应型
实际采用的–D
你认为的–H
你想要的–K
塑造型
实际采用的–E
你认为的–J
你想要的–N
重塑型
实际采用的–C
你认为的–F
你想要的–O
经典型
实际采用的–A
你认为的–I
你想要的–L
愿景型
实际采用的–B
你认为的–G
你想要的–M
不可预测性
可塑性
环境严苛性

图 1　选择正确的战略

附录B

延伸阅读

第一章　绪论

Freedman, Lawrence. *Strategy: A History*. Oxford: Oxford University Press, 2013.

Ghemawat, Pankaj. "Competition and Business Strategy in Historical Perspective." *Business History Review* 76, no. 1 (2002): 37–74.

Reeves, Martin, Claire Love, and Philipp Tillmanns. "Your Strategy Needs a Strategy." *Harvard Business Review*, September 2012.

Wiltbank, Robert, Nicolas Dew, Stuart Read, and Saras D. Sarasvathy. "What to Do Next? The Case for Non-Predictive Strategy." *Strategic Management Journal* 27, no. 10 (2006): 981–998.

第二章　经典型战略：做大

Ansoff, Igor H. *Corporate Strategy. An Analytic Approach to Business Policy for Growth and Expansion*. New York: McGraw-Hill, 1965.

Barney, Jay. "Firm Resources and Sustained Competitive Advantage." *Journal of Management* 17, no. 1 (1991): 99–120.

Henderson, Bruce. "The Experience Curve." *BCG Perspectives*, 1968.

——. "The Product Portfolio." *BCG Perspectives*, 1970.

——. "The Rule of Three and Four." *BCG Perspectives*, 1976.

——. "Strategic and Natural Competition." *BCG Perspectives*, 1980.

Lafley, A. G., and Roger L. Martin. *Playing to Win: How Strategy Really*

Works. Boston: Harvard Business Review Press, 2013.

Lochridge, Richard. "Strategy in the 1980s." *BCG Perspectives*, 1981.

Peters, Thomas J., and Robert H. Waterman Jr. *In Search of Excellence*. New York: Warner Books, 1982.

Porter, Michael. "How Competitive Forces Shape Strategy." *Harvard Business Review*, March-April 1979, 137–145.

——. "What Is Strategy?" *Harvard Business Review*, November 1996.

Prahalad, C. K., and Gary Hamel. "The Core Competence of the Corporation." *Harvard Business Review*, May–June 1990.

Stalk, George, Philip Evans, and Lawrence E. Shulman. "Competing on Capabilities: The New Rules of Corporate Strategy." *Harvard Business Review*, March–April 1992.

Wernerfelt, Birger. "A Resource-Based View of the Firm." *Strategic Management Journal* 5 (1984): 171–180.

第三章　适应型战略：求快

Darwin, Charles. *The Origin of Species*. London: John Murray, 1859.

Eisenhardt, Kathleen M., and Donald N. Sull. "Strategy as Simple Rules." *Harvard Business Review*, January 2001.

Fine, Charles. *Clockspeed: Winning Industry Control in the Age of Temporary Advantage*. New York: Basic Books, 1999.

McGrath, Rita G. *The End of Competitive Advantage: How to Keep Your Strategy Moving as Fast as Your Business*. Boston: Harvard Business Review Press, 2013.

Mintzberg, Henry. "Patterns in Strategy Formation." *Management Science* 24, no. 9 (1978): 934–948.

Nelson, Richard, and Sidney Winter. *An Evolutionary Theory of Economic Change*. Cambridge: Belknap Press, 1985.

Reeves, Martin, and Mike Deimler. *Adaptive Advantage: Winning Strategies for Uncertain Times*. Boston: Boston Consulting Group, 2012.

——. "Adaptability: The New Competitive Advantage." *Harvard Business Review*, August 2011.

Stalk, George. "Time: The Next Source of Competitive Advantage." *Harvard Business Review*, July–August 1988.

第四章 愿景型战略：抢先

Bower, Joseph L., and Clayton M. Christensen. "Disruptive Technologies: Catching the Wave." *Harvard Business Review*, January–February 1995.

Hamel, Gary and C. K. Prahalad. *Competing for the Future*. Boston: Harvard Business Review Press, 1996

Johnson, Mark, Clayton Christensen, and Henning Kagermann. "Reinventing Your Business Model." *Harvard Business Review*, 2008.

Kim, W. Chan, and Renée Mauborgne. "Blue Ocean Strategy: How to Create Uncontested Market Space and Make the Competition Irrelevant." *Harvard Business Review*, October 2004.

Lindgardt, Zhenya, Martin Reeves, George Stalk, and Mike Deimler. "Business Model Innovation: When the Going Gets Tough." *BCG Perspectives*, December 2009.

Moore, Geoffrey A. *Crossing the Chasm: Marketing and Selling High-Tech Products to Mainstream Customers*. New York: Harper Business Essentials, 1991.

Reeves, Martin, George Stalk, and Jussi Lehtinen. "Lessons from Mavericks: Staying Big by Acting Small." *BCG Perspectives*, June 2013.

第五章 塑造型战略：协调

Brandenburger, Adam M., and Berry J. Nalebuff. *Co-opetition*. New York: Currency Doubleday, 1996.

Chesbrough, Henry. "Open Innovation: The New Imperative for Creating Profit from Technology." *Academy of Management Perspectives* 20, no. 2 (2006): 86–88.

Evans, Philip, and Tom Wurster. *Blown to Bits: How the New Economics of Information Transforms Strategy*. Boston: Harvard Business School Press, 1999.

Freeman, R. Edward. *Strategic Management: A Stakeholder Approach*. Boston: Pitman, 1984.

Henderson, Bruce. "The Origin of Strategy." *Harvard Business Review*, November 1989.

Iansiti, Marco, and Roy Levien. *The Keystone Advantage: What the New Dynamics of Business Ecosystems Mean for Strategy, Innovation, and Sustainability*. Boston: Harvard Business School Press, 2004.

Levin, Simon. *Fragile Dominion: Complexity and the Commons*. New York: Basic Books, 2000.

Moore, James F. *The Death of Competition: Leadership and Strategy in the Age of Business Ecosystems*. New York: Harper Business Press, 1996.

Prahalad, C. K., and Venkat Ramaswamy. *The Future of Competition: Co-creating Unique Value with Customers*. Boston: Harvard Business School Press, 2004.

Reeves, Martin, and Alex Bernhardt. "Systems Advantage." *BCG Perspectives*, 2011.

Reeves, Martin, Thijs Venema, and Claire Love. "Shaping to Win." *BCG Perspectives*, 2013.

第六章　重塑型战略：求存

Burrough, Brian, and John Helyar. *Barbarians at the Gate: The Fall of RJR Nabisco*. New York: HarperBusiness, 1990.

Duck, Jeanie D. *The Change Monster: The Human Forces That Fuel or Foil Corporate Transformation and Change*. New York: Three Rivers Press, 2001.

Hammer, Michael, and James A. Champy. *Reengineering the Corporation: A Manifesto for Business Revolution*. New York: HarperCollins, 1993.

Hout, Tom M., and George Stalk. *Competing Against Time: How Time-Based Competition Is Reshaping Global Markets*. New York: Free Press, 1990.

Kaplan, Robert S., and William J. Bruns. *Accounting and Management: A Field Study Perspective*. Boston: Harvard Business Review Press, 1987.

Kotter, John P. *Leading Change*. Boston: Harvard Business School Press, 1996.

Reeves, Martin, Kaelin Goulet, Gideon Walter, and Michael Shanahan. "Lean, but Not Yet Mean: Why Transformation Needs a Second Chapter." *BCG Perspectives*, October 2013.

Reeves, Martin, Knut Haanæs, and Kaelin Goulet. "Turning Around a Successful Company." *BCG Perspectives*, December 2013.

第七章　双元性创新：变通

Birkinshaw, Julian, and Christina Gibson. "Building Ambidexterity into an Organization." *MIT Sloan Management Review*, summer 2004.

March, James G. "Exploration and Exploitation in Organizational Learning." *Organization Science* 2, no. 1 (1991): 71–87.

Reeves, Martin, Knut Haanæs, James Hollingsworth, and Filippo L. Scognamiglio Pasini. "Ambidexterity: The Art of Thriving in Complex Environments." *BCG Perspectives*, February 2013.

Reeves, Martin, Ron Nicol, Thijs Venema, and Georg Wittenburg. "The Evolvable Enterprise: Lessons from the New Technology Giants." *BCG Perspectives*, February 2014.

Tushman, Michael L., and Charles A. O'Reilly III. "Ambidextrous Organizations: Managing Evolutionary and Revolutionary Change." *California Management Review* 38, no. 4 (1996): 8–30.

第八章　领导者的功课：成为绘图师

The Boston Consulting Group. "Jazz vs. Symphony—A TED Animation," *BCG Perspectives*, October 24, 2014.

Clarkeson, John. "Jazz vs. Symphony." *BCG Perspectives*, 1990.

Torres, Roseline, Martin Reeves, and Claire Love. "Adaptive Leadership." *BCG Perspectives*, December 13, 2010.

von Oetinger, Bolko. "Leadership in a Time of Uncertainty." *BCG Perspectives*, 2002.

附录C

MAB模拟机制

通过模拟每种战略如何在不同商业环境中发挥作用，我们研究了战略调色板上每种战略的特征和有效性。我们使用的环境模型即所谓的MAB模拟机制，可以完全捕捉不确定的情况下，每种决策的经济影响。因此，对这一问题不同的算法解决方案就代表了色盘上的战略。

MAB模拟机制以决策理论中众所周知的问题命名。在这一理论中，赌博者面临的问题是选择哪一台赌博机进行游戏。游戏过后，赌博者会收获一些关于某些机器派彩的信息，但对其他信息却一无所知。因此，赌博者不得不在部分已知以及完全未知之间做出选择。这样看来，这一问题可以作为拓展已知选择和探索未知选择之间平衡的理想模型，也可以作为在高度未知或不确定情况下测试战略的理想模型。

更具技术性地说，每台老虎机，即赌博机，在给出平均数及标准方差的情况下，都可以作为概率分配的模型。上述两个参数可能随时间变化，不仅是独立变化（例如，模拟随时间变化的消耗情况或环境动态性），而且还可以应对一个或多个赌博者做出的选择。当然，赌博者并不知道概率分配情况，但可以通过长时间学习，获得可以从每台赌博机中获得的价值。在我们的模型中，赌博机相当于一系列投资选择，各种战略的获利相互独立，且对于正在测试的战略来说也是未知的。

通过改变模型参数，例如派彩分配的不确定性、分配变化带来的概率和不确定性的变化、为应对投资行为分配变化程度以及投资成本等，我们可以完全模拟一系列商业环境。特别指出的是，不可预测性是通过在一段时间内派彩的不确定性模拟的；可塑性是在重复投资时派彩的变化进行模拟的；环境严苛性是当整体资源被限制时，所做改变的成本而模拟的。通过这种方式，经典型、适应型、愿景型、塑造型及重塑型环境均可被模拟。

在多样环境中竞争的战略也可以被当作虚构的赌博者或战略家做出的选择，其依据是赌博者或战略家之前投资所获收益的信息。推动这些选择的算法可以根据以下五种情况而变化：从之前的投资中获得了多少信息；如何衡量这些信息；探索新选择所需的时间和精力；投资部门支出的信念如何更新；以及战略集中并应用于首选投资选择的速度。通过这种方式，模拟寻找、适应、塑造及资源节约行为的模式就成了可能，也夯实了战略调色板五种战略的基础。

具体来讲，经典型战略即为有限时间内探索后，集中用于首选投资选择的模型。适应型战略即为通过持续分配部分投资探索随机选择的模型。愿景型战略即为深入（多轮次）探索多种选择后，集中用于首选选择的模型，而塑造性战略模拟了对多种选择进行周期性、持续性的深入探索模型。重塑型战略模拟了快速集中在有限时间内可发现的最佳选择上的模型。

通过使战略在战略调色板上代表的多种环境中相互竞争，并验证调色板上的标准战略实际上是最适合各自环境的战略，我们模拟了每种环境下，何种战略最为恰当（见图2）。

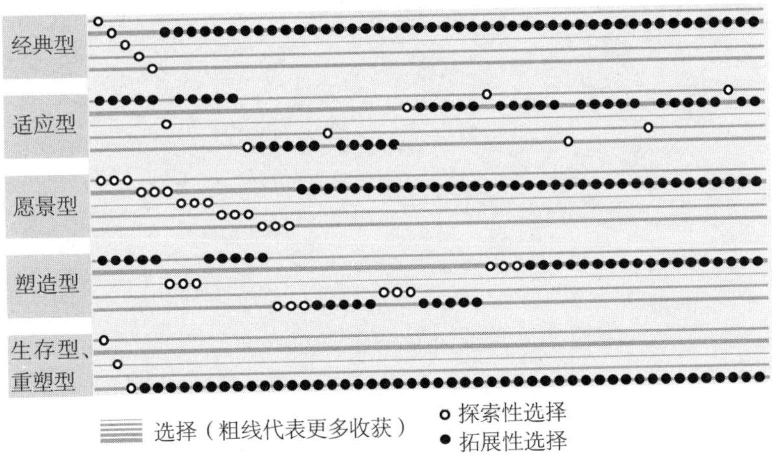

图2　五种核心战略的模拟（示意图）

为便于视觉呈现，我们以适度探索作为基准战略对比了各个战略：基准战略在每十轮中选择一轮作为被测试的新选择，即对探索的投资。其他情况下，基准战略都应用在当前最佳的战略上，而当前最佳战略通过之前十轮获得的平均收获决定，且前十轮的每一轮都会被追踪。

同样的模拟模型组成了本书所附应用的分析核心。读者可以在这个应用中，通过在不同环境中经营一个柠檬汁摊位，来学习在不同环境中采取不同的战略。

后 记

自主掌控战略调色板

我们已经知道了三件事：多样的商业环境为何需要采取根本上不同的战略制定和实施方法；身处多样环境下的大型公司为何需要掌握同时或相继采用多种战略的方法；以及企业领导如何在战略组合的制定上扮演非常重要的角色。上述结论带来的必然结果是：企业领导或经理的个人成功同样取决于是否能够在合适的条件下，抓准时机采取正确的战略。

但了解这一点不过是第一步。如何构建并驾驭战略实施的必备技能？如何自己制定更好的战略？如何将从本书学习到的内容付诸实践？

从根本上说，战略是解决问题的过程，这一点不仅体现在工作领域，也体现在个人生活上。你每天面临着很多选择不同战略的机会——你需要做的就是给自己一个明确的选择。只要在正确的思维框架和意识指导下抓住每次机会，你就可以加快学习速度。

以下是四种构建基本技能的方式：

1. 首先深化对战略的理解。

2. 练习将其用于当前的商业环境及非工作环境中。

3. 拓展经验。

4. 练习为其他人设定并塑造情境的技能。

深化对战略的理解

通过阅读附录B推荐的内容，努力深化对战略调色板的认识。在这一过程中，首先问自己在实践不同风格的战略时，思维过程、关键问题、工具、框架、实施方法有怎样的不同。其次问自己是否熟悉或接受以上的这些不同。通过问自己针对不同的企业（这些企业例子可能是你读到的、听到的或通过其他途径发现的）何种战略最为适合来扩大自己的“舒适区”。

将战略调色板应用于工作与生活中

也许，你可以采取的最有效的一步就是在遇到战略挑战时，多问自己一个问题：这种挑战或机遇是什么？最佳的解决方法是什么？也就是说，运用任何一种思维方式之前，停下来思考，解决当前问题的最佳方案是什么。

进一步说明，即使用附录A中的诊断工具或者更详细的在线版本，确定对公司来说最恰当的战略。重新阅读讲述该种恰当战略的章节，尽力使用该战略下的多种技巧和工具。要注意你不熟悉的地方以及难以处理之处，寻找自己可以学习的模范。这一过程中，你就会开始开发自己的问题、工具及技巧系统。

你也可以通过将不同战略应用于日常问题处理中，练习各种战略不同的思维方式。例如，定位个人投资战略时，你可以尝试不同战略。你可以规划未来的现金流入及流出，建立详细的衔接规划（经典型）；你可以扩大对多种风险的投资，接着迅速重新分配投资，继而根据效果重复上述过程（适应型）；你可以对某种自己能够直接掌控的项目进行大量投资，例如家族产业或利益（愿景型）；你可以通过集资并与他人合作，创造新的收益机会（塑造型）；或者你也可以重点减少不必要的花费，指定严格的开支规划，释放资源，用于节约（重塑型）。

另外一种思维实验是问自己何种思维方式最为恰当。这种情况下，遇到困难时你可以对不同战略进行思维模拟——你要采取规划、适应、愿景、塑造还是重塑型战略？这样，你会获得何种战略最适合解决当前问题的灵感，之后，你很可能会在践行一系列思想实验的过程中，发现不同并互补的想法。

提醒自己，战略调色板不仅适用于制定战略，而且适用于想要达到某个目标的思维及行动全过程。因此，将思维应用于行动的全过程中，并确保自己能够运用信息，通过与所选择战略相一致的方式创新、组织、领导。

拓展经验

你应该尝试在不同的业务环境中工作，以获得每种业务特点的第一手经验。让自己处于不同环境中，即使这种环境并不适合发挥自身已有优势。由于每家大型公司都由多个不同的业务部门构成，且各个部门在不同的地理环境下或在不同的发展阶段需要采用不同战略，所以你不必经常跳槽也可以达到这一目的。此外，公司内的每种产品或服务都将面临本质上不同的战略挑战。很多日本公司有“平行快速通道”的经典型，通过让有前途的员工到公司不同部门轮换岗位，帮助他们拓展经验。你也可以据此考虑自己的事业发展。

为其他参与者设定情境

你应建立并管理团队，让其实施每种战略，以此而开发自己的战略领导能力，尤其是思考如何为你想要采用的一种或多种战略选择特点和能力均恰当的人选。你是需要一个善于分析的人，还是需要一个善于办事的人？是需要一个有远见的人，还是需要一个跟随你步伐的人？

你还应该练习第七章中的提问能力，为每种战略风格设定情境。建立自己的问题库是提高领导技巧最有效的步骤之一。

观察情况的变化，帮助自己的团队与变化的现实相联系，并据此帮助各个团队制定它们自己的战略。提醒自己正在做的是管理一种微妙的不安定，而非改善一个不变的菜谱。要经常询问并观察需要改变之处，接着成为这种变化的媒介。

数字技术革命、全球化及其他促成变化的因素看来会一直持续下去：公司面临的多样环境很可能也将一直持续，甚至在接下来几年中愈发突出。经理自始至终在一个公司工作，业务也相对稳定，通过积累、运用一套固定的知识和技能得到晋升的年代已经一去不复返了。而能熟练运用战略调色板的公司经理无疑会为自己的公司带来更大价值，并获得成功扩展自己的事业优势。

现在，我们开始用战略调色板画图吧！

致谢

本书是我公司——波士顿咨询公司——内外通力合作的结果。我们真诚感谢所有为此书做出贡献的人。

我们要特别感谢波士顿咨询公司战略智库的大使凯琳·古利特以及塞及·维尼玛，他们在一年的时间内不辞劳苦，无私奉献，构思、举例、采访并分析，为本书奠定了基础。没有他们的伟大奉献和通力合作，这一项目就不会获得成功。

我们同样要感谢战略研究所其他各位为本书做出贡献的大使。克莱尔·洛夫公共撰写了最先发表在《哈佛商业评论》上的文章《你的战略需要策略》。这篇文章正是本书的灵感来源，为本书奠定了概念基础。格奥维格·维腾堡建立了模拟模型，测试不同环境下各个战略的有效性，并构思设计了同类应用，从经验角度模拟了不同战略。阿敏·文加瑞负责应用程序的开发过程。汤马斯·洛左斯基、丽萨尼·普谢尔以及卡洛琳·格温为本书制作了插图和分析，而巴蒂斯安·博格曼负责耗时的许可证、编辑及收尾工作。其他战略研究所大使们帮助奠定了本书的概念基础，包括尤西·赫莱蒂宁（算法战略）；尼尚特·马瑟、查尔斯·亨德伦、马特·斯塔克、彼得·格斯、尤金·高以及索菲亚·埃利桑多（适应型战略）；柴田彰（战略风格调查及分析）；亚历克斯·伯恩哈特（塑造型战略）；菲利普·斯格纳米格里奥（再看经验曲线）；朱迪斯·华伦斯坦（战略的社会层面）以及玛雅·赛义德（适应型战略能力）。

我们也要感谢学术合作者，在整个过程中指导我们的思维。普林斯顿大学的西蒙·乐文教授帮助我们理解并学习生物学战略以及进化过程，支持我们为美国公司建立适应型优势的索引。多伦多大学罗特曼管理学院的米赫内亚·摩尔多韦亚努在共通启发式演算法的思维方式为我们带来了灵感，而且战略的算法概念也是模拟模型的灵感来源。亚琛大学的菲利普·提尔曼斯也是最先发表在《哈佛商业评论》上的文章的共同撰写者。伦敦数学科学研究所的托马斯·芬克、罗马大学的卢西亚诺·皮罗内罗以及罗格斯大学的凯恩·尤西里也为我们的思维方式做出了重大贡献。

我们也要特别感谢各位首席执行官以及其他为了本书同意接受采访的领导者们，感谢他们分享了自己在不同情况下各种战略的经验和见解：汤姆·派克（昆泰公司的首席执行官）、丹尼斯·吉林斯（昆泰公司的主席及创始人）、安妮·沃西基（23andMe的首席执行官）、吉姆·怀特赫斯特（红帽公司的首席执行官）、斯科特·斯奈德（Mobiquity的首席执行官）、晏瑞德（辉瑞公司的主席及首席执行官）、肯尼斯·谢诺尔特（美国证券交易所首席执行官）、曾鸣（阿里巴巴首席战略官）、希瑟·布赖什（迈兰公司首席执行官）、约翰·海利（韬睿惠悦首席执行官）、卢英德（百事公司首席执行官）、陈哲（塔塔咨询公司首席执行官）、彼得·汉考克（美国国际集团首席执行官）、布伦特·桑德斯（森林实验室首席执行官）、郭平（华为首席执行官）、保罗·迈克尔（玛氏公司首席执行官）、阿南德·马恒达（马恒达公司首席执行官）以及乔恩·弗雷德里克·巴克萨斯（挪威电信公司首席执行官）。

我们要感谢波士顿咨询公司现在及之前的合作伙伴，他们之前对出版物的贡献，为本书开拓了道路。他们包括：麦克·德米勒、荣·尼科尔、瑞秋·李、伊夫·莫里厄、泰德·陈、罗斯林·托雷斯、麦克·沙纳汉、菲利普·伊凡斯、乔治·斯托克、吉迪恩·沃尔特、马库斯·波克林克、罗伯·托林格、桑迪·莫斯以及沃尔夫冈·蒂埃尔。此外，对为我们介绍本公司客户支持研究的诸位，我们也要表示感谢：安德鲁·托马、汤姆·瑞切特、弗朗科斯·坎德龙、达格·布恩兰德、克雷格·劳顿、阿西姆·施韦特利克、格兰特·弗里兰德、莎伦·马希尔、维克拉姆·布哈拉以及罗斯林德·洛雷斯。我们还要感谢前任及现任首席执行官，感谢他们的鼓励与帮助，帮助我们解决过程中的困难：卡尔·斯特恩、汉斯·保罗·伯克纳以及里奇·莱塞。

感谢哈佛商学院出版社的朋友们，感谢他们的鼓励以及对项目专业且得心应手的管理，尤其要感谢我们的编辑梅琳达·梅丽诺。

我们也要感谢博纳黛特·赫兹，感谢他不辞劳苦地行政管理支持。

最后，我们要将本书献给波士顿咨询公司的创始人布鲁斯·亨德森，他是商业战略及战略咨询的先驱，也是塑造了波士顿咨询公司及其他公司战略的思想基础。我们于 2015 年 4 月 30 日庆祝了亨德森先生的百岁生日纪念，基本和本书的发行时间相同。我们希望自己的努力有所价值，能在亨德森先生无尽的财富上略添一笔。

作者简介

马丁·里维斯：波士顿咨询公司（BCG）纽约办公室资深合伙人兼董事总经理，BCG布鲁斯·亨德森智库全球负责人。BCG布鲁斯·亨德森智库是波士顿咨询公司的研究机构，负责将商业世界之外的思想转化为商业战略的框架及工具。

马丁在制定商业战略，并向其中加入新思想方面贡献突出。2008年，他被提名为波士顿咨询公司董事，至今在战略问题领域发表了诸多著作及演讲。马丁将自己的时间一半用于研究，一半用于客户服务。他感兴趣的领域包括自我调整组织形式、企业存续、商品化、战略及可持续发展、竞争优势新基础、信托经济学、适应型战略、管理启示法等。

马丁于1989年在伦敦加入波士顿咨询公司，后调至东京，领导公司的日本医疗卫生项目长达八年，并负责波士顿咨询公司全球客户业务。他领导开展了无数战略及组织项目，客户不仅涵盖个人企业，还涵盖全球性的行业协会。

马丁现在与妻子甄雅（音）生活在纽约，两人育有五个孩子：汤马斯、莫里斯、亚力珊拉德、安娜斯塔西娅、叶卡捷琳娜。

纳特·汉拿斯：波士顿咨询公司（BCG）资深合伙人兼董事总经理，BCG战略专项的全球领导人。除此之外，他还兼任BCG日内瓦办公室负责人，之前还曾任奥斯陆办公室负责人。

纳特为多个行业及部门的客户提供战略咨询服务，重点领域涉及价值创造及增长。此外，纳特对可持续发展也很有兴趣，曾为世界经济论坛（WEF）及世界野生动物基金会（WWF）等国际组织工作。他尤其对可持续发展如何促进创新及新的商业模式感兴趣。纳特同时也负责波士顿咨询公司与《麻省理工学院斯隆管理评论》杂志在可持续战略上的合作研究领域的工作。

纳特在《哈佛商业评论》《麻省理工学院斯隆管理评论》《商业战略评论》《应用公司财务杂志》《欧洲管理评论》以及《北欧管理评论》等期刊杂志上发表过二十多篇论文，并撰写了多篇波士顿咨询公司报告。

纳特曾任挪威研究理事会的执行董事。此外，他还曾担任挪威商学院副教授及瑞士国际管理发展学院的助理研究员。他的第一份工作是在位于巴黎的挪威大使馆做贸易委员会实习生。纳特在挪威商业学院获得了经济学硕士学位，并在哥本哈根商学院获得了战略学博士学位。此后，他曾在北欧组织研究财团（SCANCOR）的资助下，任斯坦福大学访问学者。

纳特与莎宾结婚，育有诺亚、马克西姆两个孩子。

詹美贾亚 · 辛哈：波士顿咨询公司（BCG）亚太区主席，BCG全球执行委员会委员。

詹美贾亚与美国、英国、亚洲、澳大利亚及印度的客户广泛合作，工作领域涉及大型公司转型、战略、管理、家族企业事务等。他加入过印度政府设立的多个委员会，也是印度央行（RBI）及印度银行协会的成员。目前，他是印度工业联合会（CII）普惠金融委员会的主席。

詹美贾亚发表过多篇文章，也经常在世界经济论坛、印度工业联合会（CII）、印度银行协会（IBA）、印度工商联合会（FICCI）、印度央行（RBI）及其他媒体会议上发言。他是《拥有未来：通过波士顿咨询公司取胜50法》一书的合著者。詹美贾亚也曾在TED发表过主题为《新兴市场中实际正在发生什么》的演讲，该演讲是TED与波士顿咨询公司共同策划的系列演讲之一。2010年，《咨询》杂志提名詹美贾亚为世界25位最具影响力的咨询师之一。

成为波士顿咨询公司的一员之前，詹美贾亚曾在印度央行的不同部门工作数年。他还曾在世界银行短期供职。

詹美贾亚持普林斯顿大学伍德罗 · 威尔逊公共与国际事务

学院颁发的博士学位、剑桥大学克莱尔学院颁发的经济学学士及硕士学位，以及德里大学圣士提反学院颁发的历史学学士及硕士学位。

詹美贾亚与妻子玛尔维卡生活在孟买。他有两个儿子，阿马迪亚和埃德维特。

注　释

第一章

1. Rita G. McGrath, *The End of Competitive Advantage: How to Keep Your Strategy Moving as Fast as Your Business* (Boston: Harvard Business Review Press, 2013).

2. Martin Reeves, Claire Love, and Philipp Tillmanns, "Your Strategy Needs a Strategy," *Harvard Business Review*, September 2012.

3. The discussion of Mars throughout this book comes from Paul S. Michaels (Mars CEO), interview with authors, April 2014, and is supplemented by other sources where indicated.

4. Tata Consultancy Services, "Corporate Facts," About TCS, accessed May 7, 2014, www.tcs.com/about/corp_facts/Pages/default.aspx; Times Internet Limited, "Circuit of Glory," "Times of Tata," *Economic Times*, May 14, 2014, http://economictimes.indiatimes.com/timesoftata.cms. The discussion of Tata Consultancy Services (TCS) throughout this book comes from Natarajan Chandrasekaran (TCS CEO), interview with authors, June 2014, and is supplemented by other sources where indicated.

5. "Quintiles Named Preferred Provider in Phase I Market Report," *Wall Street Journal*, August 9, 2013, http://online.wsj.com/article/PR-CO-20130809-908208.html. The discussion of Quintiles throughout this book comes from Dennis Gillings (Gillings founder) and Tom Pike (Gillings CEO), interviews with authors, February–March 2014, and is supplemented by other sources where indicated.

6. Liu Jie, "Paying Price for Success in Commerce," *China Daily*, Biz Updates, February 3, 2014, www.chinadaily.com.cn/beijing/2014-02/03/content_17272245.htm.

7. Sara Lepro, "American Express to Cut 7,000 Jobs," *Huffington Post Business*, November 25, 2011, www.huffingtonpost.com/2008/10/30/american-express-to-cut-7_n_139476.html. The discussion of American Express throughout this book comes from Ken Chenault (Amex CEO), interview with authors, April 2014, and is supplemented by other sources where indicated.

第二章

1. David A. Kaplan, "Mars Incorporated: A Pretty Sweet Place to Work," *Fortune*, January 17, 2013, http://fortune.com/2013/01/17/mars-incorporated-a-pretty-sweet-place-to-work/.

2. For brand values, see Mars, "How We Work," Mars website, accessed May 8, 2014, www.masterfoodsconsumercare.co.uk/global/careers/how-we-work.aspx. For U.S. ranking, see "Mars," *Forbes*, May 12, 2014, www.forbes.com/companies/mars/.

The discussion of Mars throughout this book comes from Paul S. Michaels (Mars CEO), interview with authors, April 2014, and is supplemented by other sources where indicated.

3. Sebastian Joseph, "Cadbury and Mars Push to Boost Chocolate Sales in Slow Summer Months," *Marketing Week: News*, July 13, 2013, www.marketingweek.co.uk/news/cadbury-and-mars-push-to-boost-chocolate-sales-in-slow-summer-months/4007375.article.

4. Bruce D. Henderson, "The Product Portfolio," *BCG Perspectives*, 1970, www.bcgperspectives.com/content/classics/strategy_the_product_portfolio/.

5. BCG Strategy Institute, "Average Operating Margin 2007–2012." Analysis based on Compustat and CapitalIQ data.

6. David J. Lynch, "Thousands of Layoffs by DHL, ABX Air Hit Wilmington, Ohio," *USA Today*, December 15, 2008, http://usatoday30.usatoday.com/money/economy/2008-12-15-wilmington-dhl-abx-air-layoffs_N.htm.

7. Igor H. Ansoff, *Corporate Strategy. An Analytic Approach to Business Policy for Growth and Expansion* (New York: McGraw-Hill, 1965).

8. Bruce D. Henderson, "The Experience Curve," *BCG Perspectives*, 1968, www.bcgperspectives.com/content/classics/strategy_the_experience_curve/.

9. Henderson, "The Product Portfolio."

10. Richard Lochridge, "Strategy in the 1980s," *BCG Perspectives*, 1981, www.bcgperspectives.com/content/classics/strategy_strategy_in_the_1980s/.

11. Michael Porter, "How Competitive Forces Shape Strategy," *Harvard Business Review*, March–April 1979, 137–145.

12. Birger Wernerfelt, "A Resource-Based View of the Firm," *Strategic Management Journal* 5 (1984): 171–180; Jay Barney, "Firm Resources and Sustained Competitive Advantage," *Journal of Management* 17, no. 1 (1991): 99–120; C. K. Prahalad and Gary Hamel, "The Core Competence of the Corporation," *Harvard Business Review*, May–June 1990.

13. George Stalk, Philip Evans, and Lawrence E. Shulman, "Competing on Capabilities: The New Rules of Corporate Strategy," *Harvard Business Review*, March–April 1992.

14. Bob Cramer, "With Developed Markets Reaching Maturity and Emerging Markets Slowing Down, What Will Drive Future Growth?" *Bidness Etc.*, February 5, 2014, www.bidnessetc.com/business/the-household-and-personal-products-industry-dark-clouds-on-the-horizon/.

15. Ivan Marten and Andrew Mack, "The European Power Sector: Only the Nimble Will Survive," *BCG Perspectives*, March 2013, www.bcgperspectives.com/content/articles/energy_environment_european_power_sector_only_nimble_will_thrive/.

16. Frank Klose and Jonas Prudlo, "Flexibilization: The New Paradigm in Power Generation," *BCG Perspectives*, June 2013, www.bcgperspectives.com/content/articles/energy_environment_flexibilization_new_paradigm_in_power_generation/;

Cornelius Pieper et al., "Solar PV Plus Battery Storage: Poised for Takeoff," *BCG Perspectives*, July 2013, www.bcgperspectives.com/content/articles/energy_environment_solar_pv_plus_battery_storage_poised_for_takeoff/; Deutsche Telekom, "QIVICON Wins Innovation Prize and Gains New Partners," Qivicon: Media Information, September 7, 2014, www.qivicon.com/en/meta/media-relations/qivicon-wins-innovation-prize-and-gains-new-partners/.

17. Jack Welch, *Winning* (New York: Harper Business, 2004).

18. William Reed Business Media SAS, "Inside Quintiles: The World's Largest CRO," *Outsourcing Pharma*, July 29, 2013, www.outsourcing-pharma.com/Clinical-Development/Inside-Quintiles-The-World-s-Largest-CRO. The discussion of Quintiles throughout this book comes from Dennis Gillings (Quintiles founder) and Tom Pike (Quintiles CEO), interviews with authors, February–March 2014, and is supplemented by other sources where indicated.

19. Michael Porter, "What Is Strategy?" *Harvard Business Review*, November 1, 1996.

20. Deutsche Bahn, "Competition Report 2013," 2013, 6–23.

21. Diageo, "Reserve: Leading Growth in Luxury Spirits," investor conference transcript, November 2013, www.diageo.com/en-row/investor/Pages/resource.aspx?resourceid=1600.

22. The discussion of Huawei throughout this book comes from Guo Ping (Huawei CEO), interview with authors, March 2014, and is supplemented by other sources where indicated.

23. Nathaniel Ahrens, "China's Competitiveness: Myth, Reality, and Lessons for the United States and Japan: Case Study: Huawei," Center for Strategic and International Studies, Washington DC, 2013.

24. Michael J. Silverstein et al., *The $10 Trillion Prize: Captivating the Newly Affluent in China and India* (Boston: Harvard Business Review Press, 2012).

25. Will Connors and Devon Maylie, "Nigeria Gives Huawei a Place to Prove Itself," *Wall Street Journal*, September 12, 2011, http://online.wsj.com/news/articles/SB10001424053111904279004576524742374778386.

26. Henderson, "The Product Portfolio"; Bruce D. Henderson, "The Rule of Three and Four," BCG Perspectives, 1976, www.bcgperspectives.com/content/Classics/strategy_the_rule_of_three_and_four/; Martin Reeves, Mike Deimler, and George Stalk, "BCG Classics Revisited: The Rule of Three and Four," *BCG Perspectives*, December 2012, www.bcgperspectives.com/content/articles/business_unit_strategy_the_rule_of_three_and_four_bcg_classics_revisited/.

27. John A. Byrne, "How Jack Welch Runs GE," *BusinessWeek*, June 8, 1998, www.businessweek.com/1998/23/b3581001.htm.

28. Henderson, "The Experience Curve."

29. Barney Jopson, "P&G Chief AG Lafley Promotes Four Executives to Head Major Units," *Financial Times*, June 5, 2013, www.ft.com/intl/cms/s/0/d0579dc2-ce2e-11e2-8313-00144feab7de.html?siteedition=intl#axzz3DUT2FjD3.

30. The discussion of Mahindra throughout this book comes Anand Mahindra (Mahindra CEO), interview with authors, June 2014, and is supplemented by other sources where indicated.

31. Shell International BV, "Chairman's Message," Annual Report 2012: Our Business, accessed May 7, 2014, http://reports.shell.com/annual-report/2012/businessreview/ourbusinesses/chairmansmessage.php.

32. Shell International, "Introduction from the CEO," Sustainability Report 2012, accessed May 7, 2014, http://reports.shell.com/sustainability-report/2012/introduction.html.

33. The discussion of Mylan throughout this book comes Heather Bresch (Mylan CEO), interview with authors, April 2014, and is supplemented by other sources where indicated.

34. Diageo, "Diageo Opens Its New Customer Collaboration Centre," Diageo, Our Brands website, accessed May 12, 2014, www.diageo.com/en-row/ourbrands/infocus/Pages/CustomerCollaborationCentre.aspx.

35. Goodreads, "Peter F. Drucker," *Quotes*, May 8, 2014, www.goodreads.com/author/quotes/12008.Peter_F_Drucker.

36. MastersInDataScience.org, "Data Science in Retail," May 17, 2014, www.mastersindatascience.org/industry/retail/; James L. McKenney and Theodore H. Clark, "Procter & Gamble: Improving Consumer Value Through Process Redesign," Case 195126 (Boston: Harvard Business School, March 31, 1995).

37. Quintiles, "Where We Are: Locations," May 8, 2014, www.quintiles.com/locations/.

38. Amir Hartman, "The Competitor: Jack Welch's Burning Platform," *Financial Times Press*, September 5, 2003, www.ftpress.com/articles/article.aspx?p=100665&seqNum=5.

39. Kaplan, "Mars Incorporated."

40. The discussion of Pfizer throughout this book comes from Ian Read (Pfizer CEO), interviews with authors, February–March 2014, and is supplemented by other sources where indicated.

41. Andrew Ward, "Pfizer Break-up May Follow AstraZeneca Deal," *Financial Times*, May 4, 2014, www.ft.com/intl/cms/s/0/ba383d00-d399-11e3-b0be-00144feabdc0.html?siteedition=intl#axzz31X8zJqbT.

42. Jim Collins, "The 10 Greatest CEOs of All Time," Jim Collins website, July 21, 2003, www.jimcollins.com/article_topics/articles/10-greatest.html.

第三章

1. The discussion of Tata Consultancy Services (TCS) throughout this book comes from Natarajan "Chandra" Chandrasekaran (TCS CEO), interview with authors, June 2014, and is supplemented by other sources where indicated.

2. See the following Tata Consultancy Services documents, all accessed May 7, 2014: "Corporate Facts," www.tcs.com/about/corp_facts/Pages/default.aspx; "Innovation Brochure," www.tcs.com/SiteCollectionDocuments/Brochures/Innovation-Brochure-0513-1.pdf; Tata Consultancy Services Facebook page, www.facebook.com/Corporate.Learnings/posts/571975139536810?stream_ref=5.

3. Natarajan Chandrasekaran, e-mail message to authors, May 20, 2014.

4. Chaitanya Kalbag and Goutam Das, "The Whole Organisation Is Pumped Up and I Have to Keep That Going," *Business Today*, November 10, 2013, http://businesstoday.intoday.in/story/bt-500tcs-ceo-natarajan-chandrasekaran-interview/1/199788.html.

5. Tata Consultancy Services, "Annual Report 2009–10," accessed May 6, 2014.

6. Shishir Prasad, "TCS' N Chandrasekaran: Planet of the Apps," *Forbes India*, October 10, 2012, http://forbesindia.com/printcontent/33871.

7. Saritha Rai, "India's TCS Becomes the World's Second Most Valuable IT Services Firm," *Forbes*, September 13, 2013, www.forbes.com/sites/saritharai/2013/09/13/indias-tcs-is-second-most-valuable-it-services-firm-globally/.

8. Daniel Pantaleo and Nirmal Pal, *From Strategy to Execution: Turning Accelerated Global Change into Opportunity* (Berlin: Springer, 2008), 10.

9. The discussion of Zara and Inditex throughout this book comes from Zara senior management, correspondence with authors, June 2014.

10. Greg Petro, "The Future of Fashion Retailing: The Zara Approach, Part 2 of 3," *Forbes*, October 25, 2012, www.forbes.com/sites/gregpetro/2012/10/25/the-future-of-fashion-retailing-the-zara-approach-part-2-of-3/; Unique Business Strategies, "The Story of Zara: The Speeding Bullet," *The Strategist's Choice*, May 12, 2014, www.uniquebusinessstrategies.co.uk/pdfs/case%20studies/zarathespeedingbullet.pdf.

11. Nelson M. Fraiman, "Zara," Columbia Business School, Case 080204, New York, May 13, 2014.

12. Seth Stevenson, "Polka Dots Are In? Polka Dots It Is!: How Zara Gets Fresh Styles to Stores Insanely Fast—Within Weeks," *Slate: Operations*, June 21, 2012, www.slate.com/articles/arts/operations/2012/06/zara_s_fast_fashion_how_the_company_gets_new_styles_to_stores_so_quickly_.html.

13. Henry Mintzberg, "Patterns in Strategy Formation," *Management Science* 24, no. 9 (1978): 934–948.

14. Richard Nelson and Sidney Winter, *An Evolutionary Theory of Economic Change* (Cambridge, MA: Belknap Press, 1985); George Stalk, "Time: The Next Source of Competitive Advantage," *Harvard Business Review*, July–August 1988.

15. Charles Fine, *Clockspeed: Winning Industry Control in the Age of Temporary Advantage* (New York: Basic Books, 1999); Kathleen M. Eisenhardt and Donald N. Sull, "Strategy as Simple Rules," *Harvard Business Review*, January 2001; Rita Gunther McGrath and Ian C. MacMillan, "Discovery Driven Planning: Turning Conventional Planning on Its Head," *DeepCanyon*, August 1999.

16. Martin Reeves and Mike Deimler, "Adaptability: The New Competitive Advantage," *Harvard Business Review*, August 2011; Reeves and Deimler, *Adaptive Advantage.*

17. BCG Strategy Institute analysis, "Increasing Unpredictability of Returns 1950–2010," calculated as average five-year rolling standard deviation of percent firm market capitalization growth by sector, weighted by firm market capitalization for all public US companies, based on Compustat data.

18. Paul Bjacek, "Commodities Volatility: It May Not Go Away Soon!" *Accenture*, February 10, 2012, www.accenture.com/us-en/blogs/cnr/archive/2012/02/10/Commodities-volatility.aspx.

19. Informa Australia, "BHP Billiton: Flexibility Needed in Mining Industry," *Mining and Resources*, September 27, 2013, http://informaaustralia.wordpress.com/2013/09/27/bhp-billiton-flexibility-needed-in-mining-industry/.

20. Nathan Bennett, "What VUCA Really Means for You," *Harvard Business Review*, January–February 2014.

21. Martin Reeves et al., "Signal Advantage," *BCG Perspectives*, February 2010.

22. James Sterngold, "New Japanese Lesson: Running a 7-11," *New York Times*, May 9, 1991, www.nytimes.com/1991/05/09/business/new-japanese-lesson-running-a-7-11.html.

23. Donald Rumsfeld, "Donald Rumsfeld Unknown Unknowns!" YouTube, August 7, 2009, www.youtube.com/watch?v=GiPe1OiKQuk.

24. Standing Committee to Review the Research Program of the Partnership for a New Generation of Vehicles, *Review of the Research Program of the Partnership for a New Generation of Vehicles* (Washington, DC: National Academy Press, 2001).

25. Toyota Motor Sales USA, "Worldwide Sales of Toyota Hybrids Top 6 Million Units," news release, January 14, 2014, http://corporatenews.pressroom.toyota.com/releases/worldwide+toyota+hybrid+sales+top+6+million.htm; Henk Bekker, "Most-Popular Japanese Passenger Vehicle Brands and Cars," 2009 Full Year List of Top 10 Best-Selling Cars in Japan, June 20, 2011, www.best-selling-cars.com/japan/2009-full-year-list-of-top-10-best-selling-cars-in-japan/.

26. Andy Serwer, "Larry Page on How to Change the World," *Fortune*, April 29, 2008, http://archive.fortune.com/2008/04/29/magazines/fortune/larry_page_change_the_world.fortune/index.htm.

27. Josh Halliday, "Google+ Launch: Search Giant Closes 10 Products," *Guardian* (London and Manchester), September 5, 2011, www.theguardian.com/technology/2011/sep/05/google-plus-launch-closes; Bharat Mediratta, "The Google Way: Give Engineers Room," *New York Times*, October 21, 2007, www.nytimes.com/2007/10/21/jobs/21pre.html?_r=0.; Christopher Mims, "Google's '20% Time,' Which Brought You Gmail and AdSense, Is Now as Good as Dead," *Quartz*, August 16, 2013, http://qz.com/115831/googles-20-time-which-brought-you-gmail-and-adsense-is-now-as-good-as-dead/.

28. Miltiadis D. Lytras, Ernesto Damiani, and Patricia Ordóñez de Pablos, *Web 2.0: The Business Model* (Berlin: Springer, 2008); Martin Reeves, Henri Salha, and

Marcus Bokkerink, "Simulation Advantage," *BCG Perspectives*, August 4, 2010, https://www.bcgperspectives.com/content/articles/strategy_consumer_products_simulation_advantage/.

29. Halliday, "Google+ Launch."

30. The discussion of Telenor throughout this book comes Jon Fredrik Baksaas (Telenor CEO), interview with authors, June 2014, and is supplemented by other sources where indicated.

31. Lillian Goleniewski, *Telecommunications Essentials: The Complete Global Source for Communications Fundamentals, Data Networking and the Internet, and Next-Generation Networks* (Boston: Addison-Wesley Professional, 2002).

32. Telenor Group, "Telenor Digital," Our Business, accessed June 5, 2014, www.telenor.com/about-us/our-business/telenor-digital/.

33. Randall Stross, "So You're a Good Driver? Let's Go to the Monitor," *New York Times*, November 25, 2012, www.nytimes.com/2012/11/25/business/seeking-cheaper-insurance-drivers-accept-monitoring-devices.html?_r=1&adxnnl=1&adxnnlx=1410959757-PWjgA23/PwV/7Lj2mrSMgA.

34. Morningstar, "Q1 2012 Earnings Call Transcript," Morningstar, June 14, 2012, www.morningstar.com/earnings/39922695-progressive-corporation-pgr-q1-2012.aspx.

35. Leslie Brokaw, "In Experiments We Trust: From Intuit to Harrah's Casinos," *MIT Sloan Management Review*, March 3, 2011, http://sloanreview.mit.edu/article/in-experiments-we-trust-from-intuit-to-harrahs-casinos/.

36. Erik Brynjolfsson and Michael Schrage, "The New, Faster Face of Innovation: Thanks to Technology, Change Has Never Been So Easy or So Cheap," *New York Times*, August 17, 2009, http://online.wsj.com/news/articles/SB10001424052970204830304574130820184260340

37. Halliday, "Google+ Launch."

38. Martin Reeves, Yves Morieux, and Mike Deimler, "People Advantage," *BCG Perspectives*, March 2010, www.bcgperspectives.com/content/articles/strategy_engagement_culture_people_advantage.

39. Hal Gregersen, "How Intuit Innovates by Challenging Itself," *Harvard Business Review Blog Network*, February 6, 2014, http://blogs.hbr.org/2014/02/how-intuit-innovates-by-challenging-itself/.

40. Robert I. Sutton and Huggy Rao, "When Subtraction Adds More," *Businessweek*, February 11, 2014, www.businessweek.com/articles/2014-02-11/when-subtraction-adds-more.

41. Robert Safian, "The Secrets of Generation Flux," *Fast Company*, November 2012, www.fastcompany.com/3001734/secrets-generation-flux.

42. Seth Weintraub, "Apple Acknowledges Use of Corning Gorilla Glass on iPhone, Means Gorilla Glass 2 Likely for iPhone 5," *9to5Mac*, March 2, 2012, http://9to5mac.com/2012/03/02/apple-acknowledges-use-of-corning-gorilla-glass-on-iphone-means-gorilla-glass-2-likely-for-iphone-5/.

43. Reed Hastings, "Netflix Culture: Freedom and Responsibility," *Slideshare*, August 1, 2009, www.slideshare.net/reed2001/culture-1798664.

44. Yahoo!, "Netflix: Historical Prices," *Yahoo! Finance*, May 20, 2014, https://uk.finance.yahoo.com/q/hp?s=NFLX&a=00&b=01&c=2009&d=11&e=31&f=2009&g=d&z=66&y=198; Tom Huddleston Jr., "Netflix Is Gobbling Up Internet Traffic, Study Finds," *Fortune*, May 14, 2014, http://fortune.com/2014/05/14/netflix-is-gobbling-up-internet-traffic-study-finds/.

45. Hastings, "Netflix Culture," 80.

46. 3M, "McKnight Principles," 3M Company website, History page, accessed May 11, 2014, http://solutions.3m.com/wps/portal/3M/en_US/3M-Company/Information/Resources/History/?PC_Z7_RJH9U52300V200IP896S2Q3223000000_assetId=1319210372704.

47. Alec Foege, "The Trouble with Tinkering Time," *Wall Street Journal*, January 18, 2013, http://online.wsj.com/news/articles/SB10001424127887323468604578246070515298626.

48. Eric von Hippel, Stefan Thomke, and Mary Sonnack, "Creating Breakthroughs at 3M," *Harvard Business Review*, September 1999.

第四章

1. The discussion of Quintiles throughout this book comes from Dennis Gillings (Quintiles founder) and Tom Pike (Quintiles CEO), interviews with authors, February–March 2014, and is supplemented by other sources where indicated. See also Matthew Herper, "The Next Billionaire: A Statistician Who Changed Medicine," *Forbes*, May 8, 2013, http://www.forbes.com/sites/matthewherper/2013/05/08/the-next-billionaire-a-statistician-who-changed-medicine/.

2. Quintiles, "Investor Overview," May 8, 2014, http://investors.quintiles.com/investors/investor-overview/default.aspx; Matthew Herper, "Money, Math and Medicine," *Forbes*, November 3, 2010, www.forbes.com/forbes/2010/1122/private-companies-10-quintiles-dennis-gillings-money-medicine.html.

3. TED Conferences, "Alan Kay," TED Speaker, May 17, 2014, www.ted.com/speakers/alan_kay.

4. Gary Hamel, "Bringing Silicon Valley Inside," *Harvard Business Review*, September 1999.

5. The discussion of 23andMe throughout this book comes from Anne Wojcicki (23andMe founder and CEO), interview with authors, February 2014, and is supplemented by other sources where indicated.

6. Genomeweb, "23andMe Raises $50M in Series D Financing," Genomeweb, December 11, 2012, www.genomeweb.com/clinical-genomics/23andme-raises-50m-series-d-financing.

7. Aaron Krol, "J. Craig Venter's Latest Venture Has Ambitions Across Human Lifespan," *Bio IT World*, March 4, 2014, www.bio-itworld.com/2014/3/4/j-craig-venters-latest-venture-ambitions-across-human-lifespan.html.

8. Ibid.

9. Anita Hamilton, "1. The Retail DNA Test," Invention of the Year, *Time*, October 29, 2008, http://content.time.com/time/specials/packages/article/0,28804,1852747_1854493,00.html.

10. Elizabeth Murphy, "Inside 23andMe Founder Anne Wojcicki's $99 DNA Revolution," *Fast Company*, October 14, 2013, www.fastcompany.com/3018598/for-99-this-ceo-can-tell-you-what-might-kill-you-inside-23andme-founder-anne-wojcickis-dna-r.

11. Jemima Kiss, "23andMe Admits FDA Order 'Significantly Slowed Up' New Customers," *Guardian* (London and Manchester), March 9, 2014, www.theguardian.com/technology/2014/mar/09/google-23andme-anne-wojcicki-genetics-healthcare-dna.

12. Robert Langreth and Matthew Herper, "States Crack Down on Online Gene Tests," *Forbes*, April 18, 2008, www.forbes.com/2008/04/17/genes-regulation-testing-biz-cx_mh_bl_0418genes.html; Andrew Pollack, "F.D.A. Orders Genetic Testing Firm to Stop Selling DNA Analysis Service," *New York Times*, November 25, 2013, www.nytimes.com/2013/11/26/business/fda-demands-a-halt-to-a-dna-test-kits-marketing.html; US Food And Drug Administration, "23andMe, Inc. 11/22/13," Inspections, Compliance, Enforcement, and Criminal Investigations, November 22, 2013, www.fda.gov/ICECI/EnforcementActions/WarningLetters/2013/ucm376296.htm.

13. W. Chan Kim and Renée Mauborgne, "Blue Ocean Strategy: How to Create Uncontested Market Space and Make the Competition Irrelevant," *Harvard Business Review*, October 2004; C.K. Prahalad and Gary Hamel, *Competing for the Future* (Boston: Harvard Business Review Press, 1996); Joseph L. Bower and Clayton M. Christensen, "Disruptive Technologies: Catching the Wave," *Harvard Business Review*, January–February 1995; Martin Reeves, George Stalk, and Jussi Lehtinen, "Lessons from Mavericks: Staying Big by Acting Small," *BCG Perspectives*, June 2013.

14. Alison Sander, Knut Haanæs, and Mike Deimler, "Megatrends: Tailwinds for Growth in a Low-Growth Environment," *BCG Perspectives*, May 2010, www.bcgperspectives.com/content/articles/managing_two_speed_economy_growth_megatrends/.

15. United Parcel Service of America, "About UPS," UPS website, accessed May 15, 2014, www.ups.com/content/us/en/about/index.html?WT.svl=SubNav.

16. United Parcel Service of America, "1991–1999: Embracing Technology," History, UPS website, accessed May 15, 2014, www.ups.com/content/ky/en/about/history/1999.html?WT.svl=SubNav.

17. Martin Reeves, "UPS: Big Bet Vision," case study of the US freight market, India Strategy Summit, Mumbai, August 22, 2014.

18. United Parcel Service of America, "Enabling E-Commerce," Business Solutions, UPS website, accessed May 15, 2014, www.ups.com/content/us/en/bussol/browse/ebay.html.

19. Reeves, "UPS: Big Bet Vision."

20. Eric T. Wagner, "Five Reasons 8 out of 10 Businesses Fail," *Forbes*, September 12, 2013, www.forbes.com/sites/ericwagner/2013/09/12/five-reasons-8-out-of-10-businesses-fail/.

21. Murphy, "Inside 23andMe founder Anne Wojcicki's $99 DNA Revolution."

22. Stephen Nale, "The 100 Greatest Steve Jobs Quotes," Complex, October 5, 2012, www.complex.com/pop-culture/2012/10/steve-jobs-quotes/.

23. Intuitive Surgical, "Company Profile," Intuitive Surgical website, accessed May 11, 2014, www.intuitivesurgical.com/company/profile.html. The discussion of Intuitive Surgical throughout this book comes from an interview by the authors in April 2014 with the company's management; and BCG, "Meet the Mavericks," joint seminar at Strategic Management Society Conference, Geneva, March 2013, and is supplemented by other sources where indicated.

24. Intuitive Surgical, "Annual Report 2013."

25. Jay P. Pederson, *International Directory of Company Histories: General Electric Company*, vol. 137 (Detroit: St. James Press, 2012).

26. Trevor Butterworth, "The Fifth Wave of Computing," *Forbes*, June 6, 2010, www.forbes.com/2010/06/29/computing-technology-internet-media-opinions-columnists-trevor-butterworth.html. The discussion of Mobiquity throughout this book comes from Scott Snyder (Mobiquity cofounder and president), interview with authors, February 2014, and is supplemented by other sources where indicated.

27. Peter Cohan, "Mobiquity's Founder and CEO Bill Seibel Is Unstoppable," *Forbes*, July 17, 2013, www.forbes.com/sites/petercohan/2013/07/17/mobiquitys-founder-and-ceo-bill-seibel-is-unstoppable/.

28. Cohan, "Mobiquity's Founder and CEO."

29. The Henry Ford, "Henry Ford's Quotations," March 12, 2013, http://blog.thehenryford.org/2013/03/henry-fords-quotations/.

30. Michael Karnjanaprakorn, "Take a Bill Gates-Style 'Think Week' to Recharge Your Thinking," *Lifehacker*, October 22, 2012, http://lifehacker.com/5670380/the-power-of-time-off.

31. Adrian Covert, "Facebook Buys WhatsApp for $19 Billion," *CNN Money*, February 19, 2014, http://money.cnn.com/2014/02/19/technology/social/facebook-whatsapp/.

32. Kevin Baldacci, "7 Lessons You Can Learn from Jeff Bezos About Serving the Customer," *Salesforce Desk*, June 6, 2013, www.desk.com/blog/jeff-bezos-lessons/.

33. Jim Davis, "TiVo Launches 'Smart TV' Trial," *CNET*, December 22, 1998, http://news.cnet.com/TiVo-launches-smart-TV-trial/2100-1040_3-219409.html.

34. Dominic Gates, "Seattle's Flexcar Merges with Rival Zipcar," *Seattle Times*, October 30, 2007, http://community.seattletimes.nwsource.com/archive/?date=20071030&slug=flexcar31; Bernie DeGroat, "Hitchin' a Ride: Fewer Americans Have Their Own Vehicle," *Michigan News*, January 23, 2014, http://ns.umich.edu/new/releases/21923-hitchin-a-ride-fewer-americans-have-their-own-vehicle.

35. Jay P. Pedersen, *International Directory of Company Histories: Groupe Louis Dreyfus S.A. History*, vol. 60 (Detroit: St. James Press, 2004); BCG, "Meet the Mavericks," joint seminar at Strategic Management Society Conference, Geneva, March 2013.

36. Clare O'Connor, "Amazon's Wholesale Slaughter: Jeff Bezos' $8 Trillion B2B Bet," *Forbes*, May 7, 2014, www.forbes.com/sites/clareoconnor/2014/05/07/amazons-wholesale-slaughter-jeff-bezos-8-trillion-b2b-bet/.

37. Richard Harroch, "50 Inspirational Quotes for Startups and Entrepreneurs," *Forbes*, February 10, 2014, www.forbes.com/sites/allbusiness/2014/02/10/50-inspirational-quotes-for-startups-and-entrepreneurs/4/.

第五章

1. Novo Nordisk, "The Blueprint for Change Programme: Changing Diabetes in China," *Sustainability*, February, 2011, www.novonordisk.com/images/Sustainability/PDFs/Blueprint%20for%20change%20-%20China.pdf. The discussion of Novo Nordisk throughout this book is from written correspondence by the authors in July 2014 with Novo Nordisk senior management and is supplemented by other sources where indicated.

2. PharmaBoardroom, "Interview with Lars Rebien Sørensen, CEO, Novo Nordisk," *PharmaBoardroom*, April 30, 2013, http://pharmaboardroom.com/interviews/interview-with-lars-rebien-s-rensen-president-ceo-novo-nordisk.

3. China Daily Information, "Diabetes in China May Reach Alert Level," *China Daily USA*, September 4, 2013, http://usa.chinadaily.com.cn/china/2013-09/04/content_16941867.htm; International Diabetes Federation, "IDF Diabetes Atlas," accessed May 16, 2014, www.idf.org/sites/default/files/DA6_Regional_factsheets_0.pdf.

4. Novo Nordisk, "Changing Diabetes," Novo Nordisk School Challenge, accessed May 17, 2014, http://schoolchallenge.novonordisk.com/diabetes/novo-nordisk-changing-diabetes.aspx.

5. Novo Nordisk, "Blueprint for Change Programme," 8.

6. PharmaBoardroom, "Interview with Lars Rebien Sørensen."

7. Novo Nordisk, "Blueprint for Change Programme."

8. Ibid.; Novo Nordisk, "Novo Nordisk Expands R&D Centre in China," Novo Nordisk News, August 3, 2004, www.novonordisk.com/press/news/chinese_r_and_d.asp.

9. Novo Nordisk, "Blueprint for Change Programme," 3.

10. PharmaBoardroom, "Interview with Lars Rebien Sørensen."

11. Bruce D. Henderson, "The Origin of Strategy," *Harvard Business Review*, November 1989.

12. Edward R. Freeman, *Strategic Management: A Stakeholder Approach* (Boston: Pitman, 1984).

13. James F. Moore, *The Death of Competition: Leadership and Strategy in the Age of Business Ecosystems* (New York: Harper Business Press, 1996); Marco Iansiti and Roy

Levien, *The Keystone Advantage: What the New Dynamics of Business Ecosystems Mean for Strategy, Innovation, and Sustainability* (Boston: Harvard Business School Press, 2004); Simon Levin, *Fragile Dominion: Complexity and the Commons* (New York: Basic Books, 2000); Adam M. Brandenburger and Barry J. Nalebuff, *Co-opetition* (New York: Currency Doubleday, 1996).

14. Philip Evans and Tom Wurster, *Blown to Bits: How the New Economics of Information Transforms Strategy* (Boston: Harvard Business School Press, 1999); Martin Reeves and Alex Bernhardt, "Systems Advantage," *BCG Perspectives*, June 2011, www.bcgperspectives.com/content/articles/future_strategy_strategic_planning_systems_advantage/; Martin Reeves, Thijs Venema, and Claire Love, "Shaping to Win," *BCG Perspectives*, October 2013, www.bcgperspectives.com/content/articles/business_unit_strategy_corporate_strategy_portfolio_management_shaping_to_win/.

15. Henry Chesbrough, "Open Innovation: The New Imperative for Creating Profit from Technology," *Academy of Management Perspectives* 20, no. 2 (2006): 86–88; C. K. Prahalad and Venkat Ramaswamy, *The Future of Competition: Co-creating Unique Value with Customers* (Boston: Harvard Business School Press, 2004).

16. Christopher Null, "The End of Symbian: Nokia Ships Last Handset with the Mobile OS," *PC World*, June 14, 2013, www.pcworld.com/article/2042071/the-end-of-symbian-nokia-ships-last-handset-with-the-mobile-os.html.

17. Nathan Ingraham, "Apple Announces 1 Million Apps in the App Store, More than 1 Billion Songs Played on iTunes radio," *Verge*, October 22, 2013, www.theverge.com/2013/10/22/4866302/apple-announces-1-million-apps-in-the-app-store.

18. BBC, "Nokia at Crisis Point, Warns New Boss Stephen Elop," *BBC News: Technology*, February 9, 2011, www.bbc.co.uk/news/technology-12403466; Chris Ziegler, "Nokia CEO Stephen Elop Rallies Troops in Brutally Honest 'Burning Platform' Memo? (Update: It's Real!)," *Endgaget*, February 8, 2011, www.engadget.com/2011/02/08/nokia-ceo-stephen-elop-rallies-troops-in-brutally-honest-burnin/.

19. Mark Scott, "Nokia Announces New Strategy, and a New Chief to Carry It Out," *New York Times*, April 29, 2014, www.nytimes.com/2014/04/30/technology/nokia-announces-new-strategy-and-chief-executive.html?_r=0.

20. Justin Smith, "Facebook Platform Payment Providers Report Strong Growth in Q1," *Inside Facebook*, April 14, 2009, www.insidefacebook.com/2009/04/14/facebook-platform-payment-providers-report-strong-growth-in-q1/.

21. Julie Bort, "It's Official: Red Hat Is the First Open Source Company to Top $1 Billion a Year," *Business Insider*, March 28, 2012, www.businessinsider.com/its-official-red-hat-becomes-the-first-1-billion-open-source-company-2012-3. The discussion of Red Hat throughout this book comes from Jim Whitehurst (Red Hat CEO), interview with authors, February 2014, and is supplemented by other sources where indicated.

22. Red Hat, "Our Mission," Red Hat website, accessed September 18, 2014, www.redhat.com/en/about/company.

23. Yahoo!, "Red Hat Inc.," *Yahoo! Finance*, September 18, 2014, https://uk.finance.yahoo.com/q/hp?s=RHT&b=11&a=00&c=2008&e=16&d=11&f=2008&g=d.

24. Facebook, "Facebook Platform Migrations," Facebook website, accessed May 23, 2014, https://developers.facebook.com/docs/apps/migrations.

25. Apple, "iTunes Charts," Paid Apps, accessed September 18, 2014, www.apple.com/uk/itunes/charts/paid-apps/; Greg Kumparak, "Apple Announces Top 10 iPhone App Downloads of 2008," *Tech Crunch*, December 2, 2008, http://techcrunch.com/2008/12/02/apple-announces-top-10-iphone-app-downloads-of-2008/.

26. Ian Urbina and Keith Bradsher, "Linking Factories to the Malls, Middleman Pushes Low Costs," *New York Times*, August 7, 2013, www.nytimes.com/2013/08/08/world/linking-factories-to-the-malls-middleman-pushes-low-costs.html?_r=0; Fung Group, "Supply Chain Management," Fung Group Research, accessed September 18, 2014, www.funggroup.com/eng/knowledge/research.php?report=supply; Fung Group, "Who We Are," Fung Group website, September 3, 2014, www.funggroup.com/eng/about/.

27. "The World's Greatest Bazaar: Alibaba, a Trailblazing Chinese Internet Giant, Will Soon Go Public," *Economist*, May 23, 2013, www.economist.com/news/briefing/21573980-alibaba-trailblazing-chinese-internet-giant-will-soon-go-public-worlds-greatest-bazaar. The discussion of Alibaba throughout this book comes from Ming Zeng (Alibaba CSO), interview with authors, March 2014, and is supplemented by other sources where indicated.

28. Alexa Internet, "The Top 500 Sites on the Web," Alexa website, accessed September 18, 2014, www.alexa.com/topsites.

29. Stephen Gandel, "What Time Is the Alibaba IPO?" *Fortune*, September 17, 2014, http://fortune.com/2014/09/17/what-time-is-the-alibaba-ipo/.

30. "The World's Greatest Bazaar."

31. Christina Bonnington, "Apple's Developer Conference, WWDC, Has Grown into a Disaster," *Wired*, April 29, 2013, www.wired.co.uk/news/archive/2013-04/29/wwdc-is-too-big.

32. Google, "Google I/O 2013," Developers home page, accessed May 5, 2014, https://developers.google.com/events/io/.

33. Adam Bryant, "The Memo List: Where Everyone Has an Opinion," *New York Times*, March 10, 2012, www.nytimes.com/2012/03/11/business/jim-whitehurst-of-red-hat-on-merits-of-an-open-culture.html?pagewanted=all.

第六章

1. HSN Consultants, Inc., "Global Cards," *Nilson Report*, 2008, http://www.nilsonreport.com/publication_chart_and_graphs_archive.php. The discussion of American Express throughout this book comes from Ken Chenault (American Express CEO), interview with authors, April 2014, and is supplemented by other sources where indicated.

2. Michael Barbaro and Louis Uchitelle, "Americans Cut Back Sharply on Spending," *New York Times*, January 14, 2008, www.nytimes.com/2008/01/14/business/14spend.html?pagewanted=all&_r=0.

3. Sara Lepro, "American Express to Cut 7,000 Jobs," *Huffington Post Business*, November, 25, 2011, www.huffingtonpost.com/2008/10/30/american-express-to-cut-7_n_139476.html.

4. Peter Eichenbaum, "American Express Marketing Cuts May 'Cheat' Brand (Update2)," *Bloomberg*, August 6, 2009, www.bloomberg.com/apps/news?pid=newsarchive&sid=a2Y3p_tL_J1A.

5. Yahoo!, "Historical Prices: American Express Company," *Yahoo! Finance*, May 21, 2014, http://finance.yahoo.com/q/hp?s=AXP&a=11&b=1&c=2009&d=00&e=2&f=2010&g=d.

6. Ibid.

7. Kenneth I. Chenault, "American Express Chairman & CEO Key Remarks," Bank of America Merrill Lynch 2009 Banking and Financial Services Conference, New York, November 10, 2009.

8. Ibid.

9. Peter Eavis, "Kenneth Chenault's Crisis Years," *New York Times*, December 18, 2012, http://dealbook.nytimes.com/2012/12/18/kenneth-chenaults-crisis-years/?_php=true&_type=blogs&_r=0.

10. American Express Company, "American Express Announces 2008 Membership Rewards(R) Program Partner Lineup," Investor Relations, May 22, 2008, http://ir.americanexpress.com/Mobile/file.aspx?IID=102700&FID=6134500.

11. Chenault, "Key Remarks."

12. Robert S. Kaplan and William J. Bruns, *Accounting and Management: A Field Study Perspective* (Boston: Harvard Business Review Press, 1987); Michael Hammer and James A. Champy, *Reengineering the Corporation: A Manifesto for Business Revolution* (New York: HarperCollins, 1993); Tom M. Hout and George Stalk, *Competing Against Time: How Time-Based Competition Is Reshaping Global Markets* (New York: Free Press, 1990).

13. Ron Nicol, "Shaping Up: The Delayered Outlook," *BCG Perspectives*, October 2004, www.bcgperspectives.com/content/articles/strategy_shaping_up_the_delayered_look/.

14. John P. Kotter, *Leading Change* (Boston: Harvard Business School Press, 1996); Jeanie D. Duck, *The Change Monster: The Human Forces That Fuel or Foil Corporate Transformation and Change* (New York: Three Rivers Press, 2001).

15. Clifford Krauss and John Schwartz, "BP Will Plead Guilty and Pay Over $4 Billion," *New York Times*, November 15, 2012, www.nytimes.com/2012/11/16/business/global/16iht-bp16.html.

16. Martin Reeves, Sandy Moose, and Thijs Venema, "BCG Classics Revisited: The Growth Share Matrix," *BCG Perspectives*, June 2014, www.bcgperspectives.com/content/articles/corporate_strategy_portfolio_management_strategic_planning_growth_share_matrix_bcg_classics_revisited/.

17. The discussion of Bausch & Lomb and Forest Laboratories throughout this book comes from Brent Saunders (Bausch & Lomb CEO), interviews with authors, March 2014, and is supplemented by other sources where indicated.

18. Matthew Herper, "$9 Billion Bausch & Lomb Sale Mints New Turnaround Artist," *Forbes*, May 27, 2013, www.forbes.com/sites/matthewherper/2013/05/27/9-billion-bausch-lomb-sale-mints-new-turnaround-artist/; United Securities and Exchange Commission, Form S-1 Registration Statement (Washington, DC: 2013).

19. Bausch & Lomb, "Investor Relations," Our Company, August 5, 2013, www.bausch.com/our-company/investor-relations#.VByPDstOW70.

20. Martin Reeves et al., "Lean, but Not Yet Mean: Why Transformation Needs a Second Chapter," *BCG Perspectives*, October 2013, www.bcgperspectives.com/content/articles/transformation_growth_why_transformation_needs_second_chapter_lean_not_yet_mean/. Note: For our study we looked closely at transformation programs using a method of paired historical comparison, an approach that eliminates interesting but irrelevant details and zeroes in on the key factors that separate success from failure. We looked at a dozen pairs of companies, each in the same industry and facing similar challenges at similar times.

21. Ibid.

22. Martin Reeves, Knut Haanæs, and Kaelin Goulet, "Turning Around the Successful Company," *BCG Perspectives*, December 2013, www.bcgperspectives.com/content/articles/transformation_large_scale_change_growth_turning_around_successful_company/.

23. This discussion of Kodak comes from a series of interviews and email correspondence by the authors between May and June 2014 with leaders of Kodak's corporate communications department and is supplemented by various other sources such as Giovanni Gavetti, Rebecca Henderson, Simon Giorgi, "Kodak and the Digital Revolution (A)," Case 705448 (Boston: Harvard Business School, 2005); Robert J. Dolan, "Eastman Kodak Co.," Case 599106 (Boston: Harvard Business School, 1999); A. Cheerla, "Kodak—A Case of Triumph & Failure" (2010), http://www.managedecisions.com/blog/?p=444; and Steve Hamm, Louise Lee, and Spencer E. Ante, "Kodak's Moment of Truth," *Businessweek*, February 18, 2007, http://www.businessweek.com/stories/2007-02-18/kodaks-moment-of-truth.

24. "Marc Faber: We Could Have a Crash Like in 1987 This Fall! Here's Why," *Before It's News*, May 12, 2012, http://beforeitsnews.com/gold-and-precious-metals/2012/05/marc-faber-we-could-have-a-crash-like-in-1987-this-fall-heres-why-2129176.html.

25. "Fortune 500: 2008," *Fortune*, September 18, 2014, http://fortune.com/fortune500/2008/wal-mart-stores-inc-1/. The discussion of AIG throughout this book comes from Peter Hancock (AIG CEO), interview with authors, April 2014, and is supplemented by other sources where indicated.

26. Matthew Karnitschnig, "U.S. to Take Over AIG in $85 Billion Bailout; Central Banks Inject Cash as Credit Dries Up," *Wall Street Journal*, September 16, 2008, http://online.wsj.com/news/articles/SB122156561931242905; Leslie P. Norton, "The Man

Who Saved AIG," *Barrons*, August 11, 2012, http://online.barrons.com/news/articles/SB50001424053111904239304577575214205090528#articleTabs_article%3D1.

27. Jody Shenn and Zachary Tracer, "Federal Reserve Says AIG, Bear Stearns Rescue Loans Paid," *Bloomberg*, June 14, 2012, www.bloomberg.com/news/2012-06-14/new-york-fed-says-aig-bear-stearns-rescue-loans-fully-repaid.html.

28. American International Group, "Annual Report," 2013, 5.

29. Stuart Read et al., *Effectual Entrepreneurship* (New York: Routledge, 2011).

30. BCG, "DICE: How to Beat the Odds in Program Execution," August 2014.

31. Perry Keenan et al., "Strategic Initiative Management: The PMO Imperative," *BCG Perspectives*, November 2013, www.bcgperspectives.com/content/articles/program_management_change_management_strategic_initiative_management_pmo_imperative/.

32. Mike Sager, "What I've Learned: Andy Grove," *Esquire*, May 1, 2000, www.esquire.com/features/what-ive-learned/learned-andy-grove-0500.

33. For One AIG identity, see Bloomberg, "AIG's Bob Benmosche Memo to Employees," *Newsarchive*, September 17, 2014, www.bloomberg.com/bb/newsarchive/aWbEUgKiZLNM.html. For return of brand name, see American International Group, "AIG Returns Core Insurance Operations to AIG Brand, Reveals New Brand Promise," *Business Wire*, November 11, 2012, www.businesswire.com/news/home/20121111005039/en/AIG-Returns-Core-Insurance-Operations-AIG-Brand#.VBypRMtOW71.

第七章

1. Hugh Johnston, "Geared for Growth," PepsiCo website, February 21, 2013, www.pepsico.com/Download/CAGNY_Webdeck.pdf. The discussion of PepsiCo throughout this book comes from Indra Nooyi (PepsiCo CEO), interview with authors, April 2014, and is supplemented by other sources where indicated.

2. Ted Cooper, "PepsiCo Shows Why Frito-Lay and Pepsi Are Better Together," Investing Commentary, *Motley Fool*, January 15, 2014, www.fool.com/investing/general/2014/01/15/heres-why-pepsico-is-positioned-better-for-2014-th.aspx; PepsiCo, "Quick Facts," PepsiCo website, August 22, 2013, www.pepsico.com/Download/PepsiCo_Quick_Facts.pdf.

3. PepsiCo, "Annual Report 2012," 2012, 24.

4. James G. March, "Exploration and exploitation in organizational learning," *Organization Science* 2, no. 1 (1991): 71–87; Michael L. Tushman and Charles A. O'Reilly III, "Ambidextrous Organizations: Managing Evolutionary and Revolutionary Change," *California Management Review* 38, no. 4 (1996): 8–30.

5. Julian Birkinshaw and Christina Gibson, "Building Ambidexterity into an Organization," *MIT Sloan Management Review*, summer 2004.

6. Martin Reeves et al., "The Evolvable Enterprise: Lessons from the New Technology Giants," *BCG Perspectives*, February 2014, www.bcgperspectives.com/

content/articles/future_strategy_business_unit_strategy_evolvable_enterprise_lessons_new_technology_giants/; Martin Reeves and Jussi Lehtinen, "The Ingenious Enterprise: Competing Amid Rising Complexity," *BCG Perspectives*, May 2013, www.bcgperspectives.com/content/articles/growth_business_unit_strategy_ingenious_enterprise_competing_amid_rising_complexity/.

7. Martin Reeves, Claire Love, and Nishant Mathur, "The Most Adaptive Companies 2012: Winning in an Age of Turbulence," *BCG Perspectives*, August 2012. Adaptive companies are defined as outperforming in 75 percent of turbulent and stable periods or 30 percent of all turbulent quarters. Outperformance calculation is based on market cap growth relative to industry-average growth. The analysis looked at US public companies between 1960 and 2011 and is based on Compustat data.

8. Martin Reeves et al., "Ambidexterity: The Art of Thriving in Complex Environments," *BCG Perspectives*, February 2013, www.bcgperspectives.com/content/articles/business_unit_strategy_growth_ambidexterity_art_of_thriving_in_complex_environments/.

9. Lockheed Martin, "Skunk Works® Origin Story," *Aeronautics*, May 7, 2014, www.lockheedmartin.com/us/aeronautics/skunkworks/origin.html.

10. Joe Clifford, "Toyota's Skunkworks Plug-in Hybrid Sports Car," *Toyota* (blog), January 28, 2014, http://blog.toyota.co.uk/toyotas-skunkworks-plug-in-hybrid-sports-car#.VCBnsstOW70.

11. This discussion of Towers Watson comes from John Haley (Towers Watson CEO), interview with authors, February 2014, and is supplemented by other sources where indicated.

12. Julia Cooper, "Towers Watson, Mercer Lead Largest Benefits Consulting Firms," *San Francisco Business Times*, July 11, 2014, www.bizjournals.com/sanfrancisco/subscriber-only/2014/07/11/benefits-consulting-firms-2014.html.

13. Towers Watson, "Annual Report 2012," 2012, 15.

14. Christopher Lawton, "TV Sellers Are Thinking Big," *Wall Street Journal*, November 20, 2007, http://online.wsj.com/news/articles/SB119551914597698572.

15. Corning, "CEO: 'Corning Is Built for Longevity,'" press release, April 29, 2014, www.corning.com/news_center/news_releases/2014/2014042901.aspx.

16. Ben Dobbin, "Gorilla Glass, 1962 Invention, Poised to Be Big Seller for Corning," *Huffington Post*, February 10, 2010, www.huffingtonpost.com/2010/08/02/gorilla-glass-1962-invent_n_667416.html.

17. Seth Weintraub, "Apple Acknowledges Use of Corning Gorilla Glass on iPhone, Means Gorilla Glass 2 Likely for iPhone 5," *9to5Mac*, March 2, 2012, http://9to5mac.com/2012/03/02/apple-acknowledges-use-of-corning-gorilla-glass-on-iphone-means-gorilla-glass-2-likely-for-iphone-5/; Bryan Gardiner, "Glass Works: How Corning Created the Ultrathin, Ultrastrong Material of the Future," *Wired*, September 24, 2012, www.wired.com/2012/09/ff-corning-gorilla-glass/all/.

18. Corning corporate communications department, email message to authors, July 29, 2014.

19. Corning, "Corning Launches Ultra-Slim Flexible Glass," press release, June 4, 2012, www.corning.com/news_center/news_releases/2012/2012060401.aspx.

20. Haier Group, "Haier Ranked the #1 Global Major Appliances Brand for 4th Consecutive Year—Euromonitor," *Reuters*, December 24, 2012, www.reuters.com/article/2012/12/24/haier-ranked-first-idUSnPnCN34281+160+PRN20121224. This discussion of Haier comes from written correspondence by authors with Haier senior management in June 2014 and is supplemented by other sources where indicated.

21. Haier Group, "Haier: The Evolution of You," Haier website, accessed May 8, 2014, www.haier.com/us/about-haier/201305/P020130512352743920958.pdf.

22. Lao-Tzu, "The Tao-te Ching," May 11, 2014, http://classics.mit.edu/Lao/taote.1.1.html.

23. Zhang Ruimin, "Raising Haier," *Harvard Business Review*, February 2007.

24. Ibid.

25. Haier corporate communications department, email message to authors, June 13, 2014.

26. Lance Whitney, "iPhone 6 Images Reportedly from Foxconn Reveal Larger Body," *CNET*, May 12, 2014, www.cnet.com/news/iphone-6-renders-reportedly-from-foxconn-reveal-larger-body/; Allan Yogasingam, "Teardown: Inside the Apple iPhone 5," *EDN Network*, September 21, 2012, www.edn.com/design/consumer/4396870/Teardown--Inside-the-Apple-iPhone-5.

第八章

1. Pfizer, "To Our Shareholders," CEO letter, February 28, 2014, www.pfizer.com/files/investors/financial_reports/annual_reports/2013/letter.htm; Pfizer, "Annual Report 2011," 2011, and "Annual Report 2013," 2013; Simon King, "The Best Selling Drugs Since 1996: Why AbbVie's Humira Is Set to Eclipse Pfizer's Lipitor," *Forbes*, July 15, 2010, www.forbes.com/sites/simonking/2013/07/15/the-best-selling-drugs-since-1996-why-abbvies-humira-is-set-to-eclipse-pfizers-lipitor/; Yahoo!, "Historical Prices: Pfizer Inc. (PFE)," *Yahoo! Finance*, September 17, 2014, https://uk.finance.yahoo.com/q/hp?s=PFE&a=00&b=1&c=2000&d=11&e=30&f=2000&g=d&z=66&y=66.

2. Pfizer, "Annual Report 2013," 2, 8.

3. Pfizer, "R&D Collaborations," Annual Review 2013, May 13, 2014, www.pfizer.com/files/investors/financial_reports/annual_reports/2013/assets/pdfs/pfizer_13ar_i_collaborate.pdf.

4. Pfizer, "To Our Shareholders"; Pfizer, "To Our Stakeholders," CEO letter, February 28, 2013, www.pfizer.com/files/investors/financial_reports/annual_reports/2012/letter.html; Andrew Ward, "Pfizer Break-up May Follow AstraZeneca Deal," *Financial Times*, May 4, 2014, www.ft.com/intl/cms/s/0/ba383d00-d399-11e3-b0be-00144feabdc0.html?siteedition=intl#axzz31X8zJqbT.

5. Bruce Henderson, "Why Change Is So Difficult," *BCG Perspectives*, 1968, www.bcgperspectives.com/content/Classics/why_change_is_so_difficult/.

6. Dow Jones Newswires, "AIG's Benmosche Pushes on Bid to Buy Bonds," *Wall Street Journal*, March 23, 2011, http://online.wsj.com/news/articles/SB10001424052748704050204576218401104973260;

7. US Department of the Treasury, "Treasury Sells Final Shares of AIG Common Stock, Positive Return on Overall AIG Commitment Reaches $22.7 Billion," Press Center, November 12, 2011, www.treasury.gov/press-center/press-releases/Pages/tg1796.aspx.

8. Erik Holm, "Hoping to Strike Profit Gold, AIG Ramps Up in Data Mining," *Wall Street Journal*, October 15, 2012, http://online.wsj.com/news/articles/SB10000872396390444799904578052591860897244.